中华人民共和国
海洋环境保护法

(含相关规定)

人民法院出版社

图书在版编目（CIP）数据

中华人民共和国海洋环境保护法：含相关规定. --北京：人民法院出版社，2023.10
ISBN 978-7-5109-3952-5

Ⅰ.①中… Ⅱ. Ⅲ.①海洋环境保护法－中国 Ⅳ.①D922.68

中国国家版本馆CIP数据核字(2023)第197770号

中华人民共和国海洋环境保护法（含相关规定）

责任编辑	杨佳瑞
执行编辑	姚丽蕾
出版发行	人民法院出版社
地　　址	北京市东城区东交民巷 27 号（100745）
电　　话	（010）67550662（责任编辑）　67550558（发行部查询）
	65223677（读者服务部）
客 服 QQ	2092078039
网　　址	http://www.courtbook.com.cn
E－mail	courtpress@sohu.com
印　　刷	保定市中画美凯印刷有限公司
经　　销	新华书店

开　　本	880 毫米×1230 毫米　1/32
字　　数	125 千字
印　　张	4.625
版　　次	2023 年 10 月第 1 版　2023 年 10 月第 1 次印刷
书　　号	ISBN 978-7-5109-3952-5
定　　价	19.00 元

版权所有　侵权必究

目 录

中华人民共和国主席令（第十二号） ·················· 1
中华人民共和国海洋环境保护法
（2023年10月24日修订） ························· 2
　　第一章　总　　则 ······························· 3
　　第二章　海洋环境监督管理 ······················· 5
　　第三章　海洋生态保护 ·························· 10
　　第四章　陆源污染物污染防治 ···················· 13
　　第五章　工程建设项目污染防治 ·················· 15
　　第六章　废弃物倾倒污染防治 ···················· 17
　　第七章　船舶及有关作业活动污染防治 ············ 19
　　第八章　法律责任 ······························ 22
　　第九章　附　　则 ······························ 30

相关法律

中华人民共和国环境保护法
　　（2014年4月24日修订） ······················ 33
中华人民共和国环境影响评价法
　　（2018年12月29日修正） ····················· 47
中华人民共和国深海海底区域资源勘探开发法（节选）
　　（2016年2月26日） ························· 57

· 1 ·

中华人民共和国海岛保护法
　　（2009年12月26日） ………………………… 59
中华人民共和国海域使用管理法
　　（2001年10月27日） ………………………… 70

相关规定

最高人民法院
　关于审理海洋自然资源与生态环境损害赔偿
　纠纷案件若干问题的规定
　　（2017年12月29日） ………………………… 80
最高人民法院
　关于审理船舶油污损害赔偿纠纷案件若干问题的规定
　　（2020年12月23日修正） …………………… 84
中华人民共和国防治海岸工程建设项目污染损害
海洋环境管理条例
　　（2018年3月19日修订） …………………… 91
防治海洋工程建设项目污染损害海洋环境管理条例
　　（2018年3月19日修订） …………………… 96
防治船舶污染海洋环境管理条例
　　（2018年3月19日修订） …………………… 109
中华人民共和国海洋倾废管理条例
　　（2017年3月1日修订） ……………………… 125
防止拆船污染环境管理条例
　　（2017年3月1日修订） ……………………… 131
中华人民共和国防治陆源污染物污染损害海洋环境管理条例
　　（1990年6月22日） ………………………… 136

中华人民共和国主席令

(第十二号)

《中华人民共和国海洋环境保护法》已由中华人民共和国第十四届全国人民代表大会常务委员会第六次会议于 2023 年 10 月 24 日修订通过，现予公布，自 2024 年 1 月 1 日起施行。

中华人民共和国主席　习近平
2023 年 10 月 24 日

中华人民共和国海洋环境保护法

（1982年8月23日第五届全国人民代表大会常务委员会第二十四次会议通过　1999年12月25日第九届全国人民代表大会常务委员会第十三次会议第一次修订　根据2013年12月28日第十二届全国人民代表大会常务委员会第六次会议《关于修改〈中华人民共和国海洋环境保护法〉等七部法律的决定》第一次修正　根据2016年11月7日第十二届全国人民代表大会常务委员会第二十四次会议《关于修改〈中华人民共和国海洋环境保护法〉的决定》第二次修正　根据2017年11月4日第十二届全国人民代表大会常务委员会第三十次会议《关于修改〈中华人民共和国会计法〉等十一部法律的决定》第三次修正　2023年10月24日第十四届全国人民代表大会常务委员会第六次会议第二次修订）

目　　录

第一章　总　　则
第二章　海洋环境监督管理
第三章　海洋生态保护
第四章　陆源污染物污染防治
第五章　工程建设项目污染防治
第六章　废弃物倾倒污染防治
第七章　船舶及有关作业活动污染防治
第八章　法律责任
第九章　附　　则

第一章 总 则

第一条 为了保护和改善海洋环境，保护海洋资源，防治污染损害，保障生态安全和公众健康，维护国家海洋权益，建设海洋强国，推进生态文明建设，促进经济社会可持续发展，实现人与自然和谐共生，根据宪法，制定本法。

第二条 本法适用于中华人民共和国管辖海域。

在中华人民共和国管辖海域内从事航行、勘探、开发、生产、旅游、科学研究及其他活动，或者在沿海陆域内从事影响海洋环境活动的任何单位和个人，应当遵守本法。

在中华人民共和国管辖海域以外，造成中华人民共和国管辖海域环境污染、生态破坏的，适用本法相关规定。

第三条 海洋环境保护应当坚持保护优先、预防为主、源头防控、陆海统筹、综合治理、公众参与、损害担责的原则。

第四条 国务院生态环境主管部门负责全国海洋环境的监督管理，负责全国防治陆源污染物、海岸工程和海洋工程建设项目（以下称工程建设项目）、海洋倾倒废弃物对海洋环境污染损害的环境保护工作，指导、协调和监督全国海洋生态保护修复工作。

国务院自然资源主管部门负责海洋保护和开发利用的监督管理，负责全国海洋生态、海域海岸线和海岛的修复工作。

国务院交通运输主管部门负责所辖港区水域内非军事船舶和港区水域外非渔业、非军事船舶污染海洋环境的监督管理，组织、协调、指挥重大海上溢油应急处置。海事管理机构具体负责上述水域内相关船舶污染海洋环境的监督管理，并负责污染事故的调查处理；对在中华人民共和国管辖海域航行、停泊和作业的外国籍船舶造成的污染事故登轮检查处理。船舶污染事故给渔业造成损害的，应当吸收渔业主管部门参与调查处理。

国务院渔业主管部门负责渔港水域内非军事船舶和渔港水域外

渔业船舶污染海洋环境的监督管理，负责保护渔业水域生态环境工作，并调查处理前款规定的污染事故以外的渔业污染事故。

国务院发展改革、水行政、住房和城乡建设、林业和草原等部门在各自职责范围内负责有关行业、领域涉及的海洋环境保护工作。

海警机构在职责范围内对海洋工程建设项目、海洋倾倒废弃物对海洋环境污染损害、自然保护地海岸线向海一侧保护利用等活动进行监督检查，查处违法行为，按照规定权限参与海洋环境污染事故的应急处置和调查处理。

军队生态环境保护部门负责军事船舶污染海洋环境的监督管理及污染事故的调查处理。

第五条 沿海县级以上地方人民政府对其管理海域的海洋环境质量负责。

国家实行海洋环境保护目标责任制和考核评价制度，将海洋环境保护目标完成情况纳入考核评价的内容。

第六条 沿海县级以上地方人民政府可以建立海洋环境保护区域协作机制，组织协调其管理海域的环境保护工作。

跨区域的海洋环境保护工作，由有关沿海地方人民政府协商解决，或者由上级人民政府协调解决。

跨部门的重大海洋环境保护工作，由国务院生态环境主管部门协调；协调未能解决的，由国务院作出决定。

第七条 国务院和沿海县级以上地方人民政府应当将海洋环境保护工作纳入国民经济和社会发展规划，按照事权和支出责任划分原则，将海洋环境保护工作所需经费纳入本级政府预算。

第八条 各级人民政府及其有关部门应当加强海洋环境保护的宣传教育和知识普及工作，增强公众海洋环境保护意识，引导公众依法参与海洋环境保护工作；鼓励基层群众性自治组织、社会组织、志愿者等开展海洋环境保护法律法规和知识的宣传活动；按照职责分工依法公开海洋环境相关信息。

新闻媒体应当采取多种形式开展海洋环境保护的宣传报道，并对违法行为进行舆论监督。

第九条 任何单位和个人都有保护海洋环境的义务，并有权对污染海洋环境、破坏海洋生态的单位和个人，以及海洋环境监督管理人员的违法行为进行监督和检举。

从事影响海洋环境活动的任何单位和个人，都应当采取有效措施，防止、减轻海洋环境污染、生态破坏。排污者应当依法公开排污信息。

第十条 国家鼓励、支持海洋环境保护科学技术研究、开发和应用，促进海洋环境保护信息化建设，加强海洋环境保护专业技术人才培养，提高海洋环境保护科学技术水平。

国家鼓励、支持海洋环境保护国际交流与合作。

第十一条 对在海洋环境保护工作中做出显著成绩的单位和个人，按照国家有关规定给予表彰和奖励。

第二章 海洋环境监督管理

第十二条 国家实施陆海统筹、区域联动的海洋环境监督管理制度，加强规划、标准、监测等监督管理制度的衔接协调。

各级人民政府及其有关部门应当加强海洋环境监督管理能力建设，提高海洋环境监督管理科技化、信息化水平。

第十三条 国家优先将生态功能极重要、生态极敏感脆弱的海域划入生态保护红线，实行严格保护。

开发利用海洋资源或者从事影响海洋环境的建设活动，应当根据国土空间规划科学合理布局，严格遵守国土空间用途管制要求，严守生态保护红线，不得造成海洋生态环境的损害。沿海地方各级人民政府应当根据国土空间规划，保护和科学合理地使用海域。沿海省、自治区、直辖市人民政府应当加强对生态保护红线内人为活动的监督管理，定期评估保护成效。

国务院有关部门、沿海设区的市级以上地方人民政府及其有关部门，对其组织编制的国土空间规划和相关规划，应当依法进行包括海洋环境保护内容在内的环境影响评价。

第十四条 国务院生态环境主管部门会同有关部门、机构和沿海省、自治区、直辖市人民政府制定全国海洋生态环境保护规划，报国务院批准后实施。全国海洋生态环境保护规划应当与全国国土空间规划相衔接。

沿海地方各级人民政府应当根据全国海洋生态环境保护规划，组织实施其管理海域的海洋环境保护工作。

第十五条 沿海省、自治区、直辖市人民政府应当根据其管理海域的生态环境和资源利用状况，将其管理海域纳入生态环境分区管控方案和生态环境准入清单，报国务院生态环境主管部门备案后实施。生态环境分区管控方案和生态环境准入清单应当与国土空间规划相衔接。

第十六条 国务院生态环境主管部门根据海洋环境质量状况和国家经济、技术条件，制定国家海洋环境质量标准。

沿海省、自治区、直辖市人民政府对国家海洋环境质量标准中未作规定的项目，可以制定地方海洋环境质量标准；对国家海洋环境质量标准中已作规定的项目，可以制定严于国家海洋环境质量标准的地方海洋环境质量标准。地方海洋环境质量标准应当报国务院生态环境主管部门备案。

国家鼓励开展海洋环境基准研究。

第十七条 制定海洋环境质量标准，应当征求有关部门、行业协会、企业事业单位、专家和公众等的意见，提高海洋环境质量标准的科学性。

海洋环境质量标准应当定期评估，并根据评估结果适时修订。

第十八条 国家和有关地方水污染物排放标准的制定，应当将海洋环境质量标准作为重要依据之一。

对未完成海洋环境保护目标的海域，省级以上人民政府生态环境主管部门暂停审批新增相应种类污染物排放总量的建设项目环影响报告书（表），会同有关部门约谈该地区人民政府及其有关部门的主要负责人，要求其采取有效措施及时整改，约谈和整改情况应当向社会公开。

第十九条 国家加强海洋环境质量管控，推进海域综合治理，严格海域排污许可管理，提升重点海域海洋环境质量。

需要直接向海洋排放工业废水、医疗污水的海岸工程和海洋工程单位，城镇污水集中处理设施的运营单位及其他企业事业单位和生产经营者，应当依法取得排污许可证。排污许可的管理按照国务院有关规定执行。

实行排污许可管理的企业事业单位和其他生产经营者应当执行排污许可证关于排放污染物的种类、浓度、排放量、排放方式、排放去向和自行监测等要求。

禁止通过私设暗管或者篡改、伪造监测数据，以及不正常运行污染防治设施等逃避监管的方式向海洋排放污染物。

第二十条 国务院生态环境主管部门根据海洋环境状况和质量改善要求，会同国务院发展改革、自然资源、住房和城乡建设、交通运输、水行政、渔业等部门和海警机构，划定国家环境治理重点海域及其控制区域，制定综合治理行动方案，报国务院批准后实施。

沿海设区的市级以上地方人民政府应当根据综合治理行动方案，制定其管理海域的实施方案，因地制宜采取特别管控措施，开展综合治理，协同推进重点海域治理与美丽海湾建设。

第二十一条 直接向海洋排放应税污染物的企业事业单位和其他生产经营者，应当依照法律规定缴纳环境保护税。

向海洋倾倒废弃物，应当按照国家有关规定缴纳倾倒费。具体办法由国务院发展改革部门、国务院财政主管部门会同国务院生态环境主管部门制定。

第二十二条 国家加强防治海洋环境污染损害的科学技术的研究和开发，对严重污染海洋环境的落后生产工艺和落后设备，实行淘汰制度。

企业事业单位和其他生产经营者应当优先使用清洁低碳能源，采用资源利用率高、污染物排放量少的清洁生产工艺，防止对海洋环境的污染。

第二十三条　国务院生态环境主管部门负责海洋生态环境监测工作，制定海洋生态环境监测规范和标准并监督实施，组织实施海洋生态环境质量监测，统一发布国家海洋生态环境状况公报，定期组织对海洋生态环境质量状况进行调查评价。

国务院自然资源主管部门组织开展海洋资源调查和海洋生态预警监测，发布海洋生态预警监测警报和公报。

其他依照本法规定行使海洋环境监督管理权的部门和机构应当按照职责分工开展监测、监视。

第二十四条　国务院有关部门和海警机构应当向国务院生态环境主管部门提供编制国家海洋生态环境状况公报所必需的入海河口和海洋环境监测、调查、监视等方面的资料。

生态环境主管部门应当向有关部门和海警机构提供与海洋环境监督管理有关的资料。

第二十五条　国务院生态环境主管部门会同有关部门和机构通过智能化的综合信息系统，为海洋环境保护监督管理、信息共享提供服务。

国务院有关部门、海警机构和沿海县级以上地方人民政府及其有关部门应当按照规定，推进综合监测、协同监测和常态化监测，加强监测数据、执法信息等海洋环境管理信息共享，提高海洋环境保护综合管理水平。

第二十六条　国家加强海洋辐射环境监测，国务院生态环境主管部门负责制定海洋辐射环境应急监测方案并组织实施。

第二十七条　因发生事故或者其他突发性事件，造成或者可能造成海洋环境污染、生态破坏事件的单位和个人，应当立即采取有效措施解除或者减轻危害，及时向可能受到危害者通报，并向依照本法规定行使海洋环境监督管理权的部门和机构报告，接受调查处理。

沿海县级以上地方人民政府在本行政区域近岸海域的生态环境受到严重损害时，应当采取有效措施，解除或者减轻危害。

第二十八条 国家根据防止海洋环境污染的需要，制定国家重大海上污染事件应急预案，建立健全海上溢油污染等应急机制，保障应对工作的必要经费。

国家建立重大海上溢油应急处置部际联席会议制度。国务院交通运输主管部门牵头组织编制国家重大海上溢油应急处置预案并组织实施。

国务院生态环境主管部门负责制定全国海洋石油勘探开发海上溢油污染事件应急预案并组织实施。

国家海事管理机构负责制定全国船舶重大海上溢油污染事件应急预案，报国务院生态环境主管部门、国务院应急管理部门备案。

沿海县级以上地方人民政府及其有关部门应当制定有关应急预案，在发生海洋突发环境事件时，及时启动应急预案，采取有效措施，解除或者减轻危害。

可能发生海洋突发环境事件的单位，应当按照有关规定，制定本单位的应急预案，配备应急设备和器材，定期组织开展应急演练；应急预案应当向依照本法规定行使海洋环境监督管理权的部门和机构备案。

第二十九条 依照本法规定行使海洋环境监督管理权的部门和机构，有权对从事影响海洋环境活动的单位和个人进行现场检查；在巡航监视中发现违反本法规定的行为时，应当予以制止并调查取证，必要时有权采取有效措施，防止事态扩大，并报告有关部门或者机构处理。

被检查者应当如实反映情况，提供必要的资料。检查者应当依法为被检查者保守商业秘密、个人隐私和个人信息。

依照本法规定行使海洋环境监督管理权的部门和机构可以在海上实行联合执法。

第三十条 造成或者可能造成严重海洋环境污染、生态破坏的，或者有关证据可能灭失或者被隐匿的，依照本法规定行使海洋环境监督管理权的部门和机构可以查封、扣押有关船舶、设施、设备、物品。

第三十一条 在中华人民共和国管辖海域以外，造成或者可能造成中华人民共和国管辖海域环境污染、生态破坏的，有关部门和机构有权采取必要的措施。

第三十二条 国务院生态环境主管部门会同有关部门和机构建立向海洋排放污染物、从事废弃物海洋倾倒、从事海洋生态环境治理和服务的企业事业单位和其他生产经营者信用记录与评价应用制度，将相关信用记录纳入全国公共信用信息共享平台。

第三章 海洋生态保护

第三十三条 国家加强海洋生态保护，提升海洋生态系统质量和多样性、稳定性、持续性。

国务院和沿海地方各级人民政府应当采取有效措施，重点保护红树林、珊瑚礁、海藻场、海草床、滨海湿地、海岛、海湾、入海河口、重要渔业水域等具有典型性、代表性的海洋生态系统，珍稀濒危海洋生物的天然集中分布区，具有重要经济价值的海洋生物生存区域及有重大科学文化价值的海洋自然遗迹和自然景观。

第三十四条 国务院和沿海省、自治区、直辖市人民政府及其有关部门根据保护海洋的需要，依法将重要的海洋生态系统、珍稀濒危海洋生物的天然集中分布区、海洋自然遗迹和自然景观集中分布区等区域纳入国家公园、自然保护区或者自然公园等自然保护地。

第三十五条 国家建立健全海洋生态保护补偿制度。

国务院和沿海省、自治区、直辖市人民政府应当通过转移支付、产业扶持等方式支持开展海洋生态保护补偿。

沿海地方各级人民政府应当落实海洋生态保护补偿资金，确保其用于海洋生态保护补偿。

第三十六条 国家加强海洋生物多样性保护，健全海洋生物多样性调查、监测、评估和保护体系，维护和修复重要海洋生态廊道，防止对海洋生物多样性的破坏。

开发利用海洋和海岸带资源，应当对重要海洋生态系统、生物物种、生物遗传资源实施有效保护，维护海洋生物多样性。

引进海洋动植物物种，应当进行科学论证，避免对海洋生态系统造成危害。

第三十七条 国家鼓励科学开展水生生物增殖放流，支持科学规划，因地制宜采取投放人工鱼礁和种植海藻场、海草床、珊瑚等措施，恢复海洋生物多样性，修复改善海洋生态。

第三十八条 开发海岛及周围海域的资源，应当采取严格的生态保护措施，不得造成海岛地形、岸滩、植被和海岛周围海域生态环境的损害。

第三十九条 国家严格保护自然岸线，建立健全自然岸线控制制度。沿海省、自治区、直辖市人民政府负责划定严格保护岸线的范围并发布。

沿海地方各级人民政府应当加强海岸线分类保护与利用，保护修复自然岸线，促进人工岸线生态化，维护岸线岸滩稳定平衡，因地制宜、科学合理划定海岸建筑退缩线。

禁止违法占用、损害自然岸线。

第四十条 国务院水行政主管部门确定重要入海河流的生态流量管控指标，应当征求并研究国务院生态环境、自然资源等部门的意见。确定生态流量管控指标，应当进行科学论证，综合考虑水资源条件、气候状况、生态环境保护要求、生活生产用水状况等因素。

入海河口所在地县级以上地方人民政府及其有关部门按照河海联动的要求，制定实施河口生态修复和其他保护措施方案，加强对水、沙、盐、潮滩、生物种群、河口形态的综合监测，采取有效措施防止海水入侵和倒灌，维护河口良好生态功能。

第四十一条 沿海地方各级人民政府应当结合当地自然环境的特点，建设海岸防护设施、沿海防护林、沿海城镇园林和绿地，对海岸侵蚀和海水入侵地区进行综合治理。

禁止毁坏海岸防护设施、沿海防护林、沿海城镇园林和绿地。

第四十二条 对遭到破坏的具有重要生态、经济、社会价值的海洋生态系统，应当进行修复。海洋生态修复应当以改善生境、恢复生物多样性和生态系统基本功能为重点，以自然恢复为主、人工修复为辅，并优先修复具有典型性、代表性的海洋生态系统。

国务院自然资源主管部门负责统筹海洋生态修复，牵头组织编制海洋生态修复规划并实施有关海洋生态修复重大工程。编制海洋生态修复规划，应当进行科学论证评估。

国务院自然资源、生态环境等部门应当按照职责分工开展修复成效监督评估。

第四十三条 国务院自然资源主管部门负责开展全国海洋生态灾害预防、风险评估和隐患排查治理。

沿海县级以上地方人民政府负责其管理海域的海洋生态灾害应对工作，采取必要的灾害预防、处置和灾后恢复措施，防止和减轻灾害影响。

企业事业单位和其他生产经营者应当采取必要应对措施，防止海洋生态灾害扩大。

第四十四条 国家鼓励发展生态渔业，推广多种生态渔业生产方式，改善海洋生态状况，保护海洋环境。

沿海县级以上地方人民政府应当因地制宜编制并组织实施养殖水域滩涂规划，确定可以用于养殖业的水域和滩涂，科学划定海水养殖禁养区、限养区和养殖区，建立禁养区内海水养殖的清理和退出机制。

第四十五条 从事海水养殖活动应当保护海域环境，科学确定养殖规模和养殖密度，合理投饵、投肥，正确使用药物，及时规范收集处理固体废物，防止造成海洋生态环境的损害。

禁止在氮磷浓度严重超标的近岸海域新增或者扩大投饵、投肥海水养殖规模。

向海洋排放养殖尾水污染物等应当符合污染物排放标准。沿海省、自治区、直辖市人民政府应当制定海水养殖污染物排放相关地方标准，加强养殖尾水污染防治的监督管理。

工厂化养殖和设置统一排污口的集中连片养殖的排污单位，应当按照有关规定对养殖尾水自行监测。

第四章　陆源污染物污染防治

第四十六条　向海域排放陆源污染物，应当严格执行国家或者地方规定的标准和有关规定。

第四十七条　入海排污口位置的选择，应当符合国土空间用途管制要求，根据海水动力条件和有关规定，经科学论证后，报设区的市级以上人民政府生态环境主管部门备案。排污口的责任主体应当加强排污口监测，按照规定开展监控和自动监测。

生态环境主管部门应当在完成备案后十五个工作日内将入海排污口设置情况通报自然资源、渔业等部门和海事管理机构、海警机构、军队生态环境保护部门。

沿海县级以上地方人民政府应当根据排污口类别、责任主体，组织有关部门对本行政区域内各类入海排污口进行排查整治和日常监督管理，建立健全近岸水体、入海排污口、排污管线、污染源全链条治理体系。

国务院生态环境主管部门负责制定入海排污口设置和管理的具体办法，制定入海排污口技术规范，组织建设统一的入海排污口信息平台，加强动态更新、信息共享和公开。

第四十八条　禁止在自然保护地、重要渔业水域、海水浴场、生态保护红线区域及其他需要特别保护的区域，新设工业排污口和城镇污水处理厂排污口；法律、行政法规另有规定的除外。

在有条件的地区，应当将排污口深水设置，实行离岸排放。

第四十九条 经开放式沟（渠）向海洋排放污染物的，对开放式沟（渠）按照国家和地方的有关规定、标准实施水环境质量管理。

第五十条 国务院有关部门和县级以上地方人民政府及其有关部门应当依照水污染防治有关法律、行政法规的规定，加强入海河流管理，协同推进入海河流污染防治，使入海河口的水质符合入海河口环境质量相关要求。

入海河流流域省、自治区、直辖市人民政府应当按照国家有关规定，加强入海总氮、总磷排放的管控，制定控制方案并组织实施。

第五十一条 禁止向海域排放油类、酸液、碱液、剧毒废液。

禁止向海域排放污染海洋环境、破坏海洋生态的放射性废水。

严格控制向海域排放含有不易降解的有机物和重金属的废水。

第五十二条 含病原体的医疗污水、生活污水和工业废水应当经过处理，符合国家和地方有关排放标准后，方可排入海域。

第五十三条 含有机物和营养物质的工业废水、生活污水，应当严格控制向海湾、半封闭海及其他自净能力较差的海域排放。

第五十四条 向海域排放含热废水，应当采取有效措施，保证邻近自然保护地、渔业水域的水温符合国家和地方海洋环境质量标准，避免热污染对珍稀濒危海洋生物、海洋水产资源造成危害。

第五十五条 沿海地方各级人民政府应当加强农业面源污染防治。沿海农田、林场施用化学农药，应当执行国家农药安全使用的规定和标准。沿海农田、林场应当合理使用化肥和植物生长调节剂。

第五十六条 在沿海陆域弃置、堆放和处理尾矿、矿渣、煤灰渣、垃圾和其他固体废物的，依照《中华人民共和国固体废物污染环境防治法》的有关规定执行，并采取有效措施防止固体废物进入海洋。

禁止在岸滩弃置、堆放和处理固体废物；法律、行政法规另有规定的除外。

第五十七条 沿海县级以上地方人民政府负责其管理海域的海

洋垃圾污染防治，建立海洋垃圾监测、清理制度，统筹规划建设陆域接收、转运、处理海洋垃圾的设施，明确有关部门、乡镇、街道、企业事业单位等的海洋垃圾管控区域，建立海洋垃圾监测、拦截、收集、打捞、运输、处理体系并组织实施，采取有效措施鼓励、支持公众参与上述活动。国务院生态环境、住房和城乡建设、发展改革等部门应当按照职责分工加强海洋垃圾污染防治的监督指导和保障。

第五十八条　禁止经中华人民共和国内水、领海过境转移危险废物。

经中华人民共和国管辖的其他海域转移危险废物的，应当事先取得国务院生态环境主管部门的书面同意。

第五十九条　沿海县级以上地方人民政府应当建设和完善排水管网，根据改善海洋环境质量的需要建设城镇污水处理厂和其他污水处理设施，加强城乡污水处理。

建设污水海洋处置工程，应当符合国家有关规定。

第六十条　国家采取必要措施，防止、减少和控制来自大气层或者通过大气层造成的海洋环境污染损害。

第五章　工程建设项目污染防治

第六十一条　新建、改建、扩建工程建设项目，应当遵守国家有关建设项目环境保护管理的规定，并把污染防治和生态保护所需资金纳入建设项目投资计划。

禁止在依法划定的自然保护地、重要渔业水域及其他需要特别保护的区域，违法建设污染环境、破坏生态的工程建设项目或者从事其他活动。

第六十二条　工程建设项目应当按照国家有关建设项目环境影响评价的规定进行环境影响评价。未依法进行并通过环境影响评价的建设项目，不得开工建设。

环境保护设施应当与主体工程同时设计、同时施工、同时投产使用。环境保护设施应当符合经批准的环境影响评价报告书（表）的要求。建设单位应当依照有关法律法规的规定，对环境保护设施进行验收，编制验收报告，并向社会公开。环境保护设施未经验收或者经验收不合格的，建设项目不得投入生产或者使用。

第六十三条 禁止在沿海陆域新建不符合国家产业政策的化学制浆造纸、化工、印染、制革、电镀、酿造、炼油、岸边冲滩拆船及其他严重污染海洋环境的生产项目。

第六十四条 新建、改建、扩建工程建设项目，应当采取有效措施，保护国家和地方重点保护的野生动植物及其生存环境，保护海洋水产资源，避免或者减轻对海洋生物的影响。

禁止在严格保护岸线范围内开采海砂。依法在其他区域开发利用海砂资源，应当采取严格措施，保护海洋环境。载运海砂资源应当持有合法来源证明；海砂开采者应当为载运海砂的船舶提供合法来源证明。

从岸上打井开采海底矿产资源，应当采取有效措施，防止污染海洋环境。

第六十五条 工程建设项目不得使用含超标准放射性物质或者易溶出有毒有害物质的材料；不得造成领海基点及其周围环境的侵蚀、淤积和损害，不得危及领海基点的稳定。

第六十六条 工程建设项目需要爆破作业时，应当采取有效措施，保护海洋环境。

海洋石油勘探开发及输油过程中，应当采取有效措施，避免溢油事故的发生。

第六十七条 工程建设项目不得违法向海洋排放污染物、废弃物及其他有害物质。

海洋油气钻井平台（船）、生产生活平台、生产储卸装置等海洋油气装备的含油污水和油性混合物，应当经过处理达标后排放；残油、废油应当予以回收，不得排放入海。

钻井所使用的油基泥浆和其他有毒复合泥浆不得排放入海。水基泥浆和无毒复合泥浆及钻屑的排放，应当符合国家有关规定。

第六十八条　海洋油气钻井平台（船）、生产生活平台、生产储卸装置等海洋油气装备及其有关海上设施，不得向海域处置含油的工业固体废物。处置其他固体废物，不得造成海洋环境污染。

第六十九条　海上试油时，应当确保油气充分燃烧，油和油性混合物不得排放入海。

第七十条　勘探开发海洋油气资源，应当按照有关规定编制油气污染应急预案，报国务院生态环境主管部门海域派出机构备案。

第六章　废弃物倾倒污染防治

第七十一条　任何个人和未经批准的单位，不得向中华人民共和国管辖海域倾倒任何废弃物。

需要倾倒废弃物的，产生废弃物的单位应当向国务院生态环境主管部门海域派出机构提出书面申请，并出具废弃物特性和成分检验报告，取得倾倒许可证后，方可倾倒。

国家鼓励疏浚物等废弃物的综合利用，避免或者减少海洋倾倒。

禁止中华人民共和国境外的废弃物在中华人民共和国管辖海域倾倒。

第七十二条　国务院生态环境主管部门根据废弃物的毒性、有毒物质含量和对海洋环境影响程度，制定海洋倾倒废弃物评价程序和标准。

可以向海洋倾倒的废弃物名录，由国务院生态环境主管部门制定。

第七十三条　国务院生态环境主管部门会同国务院自然资源主管部门编制全国海洋倾倒区规划，并征求国务院交通运输、渔业等部门和海警机构的意见，报国务院批准。

国务院生态环境主管部门根据全国海洋倾倒区规划，按照科学、合理、经济、安全的原则及时选划海洋倾倒区，征求国务院交通运输、渔业等部门和海警机构的意见，并向社会公告。

第七十四条　国务院生态环境主管部门组织开展海洋倾倒区使用状况评估，根据评估结果予以调整、暂停使用或者封闭海洋倾倒区。

海洋倾倒区的调整、暂停使用和封闭情况，应当通报国务院有关部门、海警机构并向社会公布。

第七十五条　获准和实施倾倒废弃物的单位，应当按照许可证注明的期限及条件，到指定的区域进行倾倒。倾倒作业船舶等载运工具应当安装使用符合要求的海洋倾倒在线监控设备，并与国务院生态环境主管部门监管系统联网。

第七十六条　获准和实施倾倒废弃物的单位，应当按照规定向颁发许可证的国务院生态环境主管部门海域派出机构报告倾倒情况。倾倒废弃物的船舶应当向驶出港的海事管理机构、海警机构作出报告。

第七十七条　禁止在海上焚烧废弃物。

禁止在海上处置污染海洋环境、破坏海洋生态的放射性废物或者其他放射性物质。

第七十八条　获准倾倒废弃物的单位委托实施废弃物海洋倾倒作业的，应当对受托单位的主体资格、技术能力和信用状况进行核实，依法签订书面合同，在合同中约定污染防治与生态保护要求，并监督实施。

受托单位实施废弃物海洋倾倒作业，应当依照有关法律法规的规定和合同约定，履行污染防治和生态保护要求。

获准倾倒废弃物的单位违反本条第一款规定的，除依照有关法律法规的规定予以处罚外，还应当与造成环境污染、生态破坏的受托单位承担连带责任。

第七章　船舶及有关作业活动污染防治

第七十九条　在中华人民共和国管辖海域，任何船舶及相关作业不得违法向海洋排放船舶垃圾、生活污水、含油污水、含有毒有害物质污水、废气等污染物，废弃物，压载水和沉积物及其他有害物质。

船舶应当按照国家有关规定采取有效措施，对压载水和沉积物进行处理处置，严格防控引入外来有害生物。

从事船舶污染物、废弃物接收和船舶清舱、洗舱作业活动的，应当具备相应的接收处理能力。

第八十条　船舶应当配备相应的防污设备和器材。

船舶的结构、配备的防污设备和器材应当符合国家防治船舶污染海洋环境的有关规定，并经检验合格。

船舶应当取得并持有防治海洋环境污染的证书与文书，在进行涉及船舶污染物、压载水和沉积物排放及操作时，应当按照有关规定监测、监控，如实记录并保存。

第八十一条　船舶应当遵守海上交通安全法律、法规的规定，防止因碰撞、触礁、搁浅、火灾或者爆炸等引起的海难事故，造成海洋环境的污染。

第八十二条　国家完善并实施船舶油污损害民事赔偿责任制度；按照船舶油污损害赔偿责任由船东和货主共同承担风险的原则，完善并实施船舶油污保险、油污损害赔偿基金制度，具体办法由国务院规定。

第八十三条　载运具有污染危害性货物进出港口的船舶，其承运人、货物所有人或者代理人，应当事先向海事管理机构申报。经批准后，方可进出港口或者装卸作业。

第八十四条　交付船舶载运污染危害性货物的，托运人应当将货物的正式名称、污染危害性以及应当采取的防护措施如实告知承运人。污染危害性货物的单证、包装、标志、数量限制等，应当符合对所交付货物的有关规定。

需要船舶载运污染危害性不明的货物，应当按照有关规定事先进行评估。

装卸油类及有毒有害货物的作业，船岸双方应当遵守安全防污操作规程。

第八十五条 港口、码头、装卸站和船舶修造拆解单位所在地县级以上地方人民政府应当统筹规划建设船舶污染物等的接收、转运、处理处置设施，建立相应的接收、转运、处理处置多部门联合监管制度。

沿海县级以上地方人民政府负责对其管理海域的渔港和渔业船舶停泊点及周边区域污染防治的监督管理，规范生产生活污水和渔业垃圾回收处置，推进污染防治设备建设和环境清理整治。

港口、码头、装卸站和船舶修造拆解单位应当按照有关规定配备足够的用于处理船舶污染物、废弃物的接收设施，使该设施处于良好状态并有效运行。

装卸油类等污染危害性货物的港口、码头、装卸站和船舶应当编制污染应急预案，并配备相应的污染应急设备和器材。

第八十六条 国家海事管理机构组织制定中国籍船舶禁止或者限制安装和使用的有害材料名录。

船舶修造单位或者船舶所有人、经营人或者管理人应当在船上备有有害材料清单，在船舶建造、营运和维修过程中持续更新，并在船舶拆解前提供给从事船舶拆解的单位。

第八十七条 从事船舶拆解的单位，应当采取有效的污染防治措施，在船舶拆解前将船舶污染物减至最小量，对拆解产生的船舶污染物、废弃物和其他有害物质进行安全与环境无害化处置。拆解的船舶部件不得进入水体。

禁止采取冲滩方式进行船舶拆解作业。

第八十八条 国家倡导绿色低碳智能航运，鼓励船舶使用新能源或者清洁能源，淘汰高耗能高排放老旧船舶，减少温室气体和大气污染物的排放。沿海县级以上地方人民政府应当制定港口岸电、船舶受电等设施建设和改造计划，并组织实施。港口岸电设施的供电能力应当与靠港船舶的用电需求相适应。

船舶应当按照国家有关规定采取有效措施提高能效水平。具备岸电使用条件的船舶靠港应当按照国家有关规定使用岸电，但是使用清洁能源的除外。具备岸电供应能力的港口经营人、岸电供电企业应当按照国家有关规定为具备岸电使用条件的船舶提供岸电。

国务院和沿海县级以上地方人民政府对港口岸电设施、船舶受电设施的改造和使用，清洁能源或者新能源动力船舶建造等按照规定给予支持。

第八十九条　船舶及有关作业活动应当遵守有关法律法规和标准，采取有效措施，防止造成海洋环境污染。海事管理机构等应当加强对船舶及有关作业活动的监督管理。

船舶进行散装液体污染危害性货物的过驳作业，应当编制作业方案，采取有效的安全和污染防治措施，并事先按照有关规定报经批准。

第九十条　船舶发生海难事故，造成或者可能造成海洋环境重大污染损害的，国家海事管理机构有权强制采取避免或者减少污染损害的措施。

对在公海上因发生海难事故，造成中华人民共和国管辖海域重大污染损害后果或者具有污染威胁的船舶、海上设施，国家海事管理机构有权采取与实际的或者可能发生的损害相称的必要措施。

第九十一条　所有船舶均有监视海上污染的义务，在发现海上污染事件或者违反本法规定的行为时，应当立即向就近的依照本法规定行使海洋环境监督管理权的部门或者机构报告。

民用航空器发现海上排污或者污染事件，应当及时向就近的民用航空空中交通管制单位报告。接到报告的单位，应当立即向依照本法规定行使海洋环境监督管理权的部门或者机构通报。

第九十二条　国务院交通运输主管部门可以划定船舶污染物排放控制区。进入控制区的船舶应当符合船舶污染物排放相关控制要求。

第八章　法律责任

第九十三条　违反本法规定，有下列行为之一，由依照本法规定行使海洋环境监督管理权的部门或者机构责令改正或者责令采取限制生产、停产整治等措施，并处以罚款；情节严重的，报经有批准权的人民政府批准，责令停业、关闭：

（一）向海域排放本法禁止排放的污染物或者其他物质的；

（二）未依法取得排污许可证排放污染物的；

（三）超过标准、总量控制指标排放污染物的；

（四）通过私设暗管或者篡改、伪造监测数据，或者不正常运行污染防治设施等逃避监管的方式违法向海洋排放污染物的；

（五）违反本法有关船舶压载水和沉积物排放和管理规定的；

（六）其他未依照本法规定向海洋排放污染物、废弃物的。

有前款第一项、第二项行为之一的，处二十万元以上一百万元以下的罚款；有前款第三项行为的，处十万元以上一百万元以下的罚款；有前款第四项行为的，处十万元以上一百万元以下的罚款，情节严重的，吊销排污许可证；有前款第五项、第六项行为之一的，处一万元以上二十万元以下的罚款。个人擅自在岸滩弃置、堆放和处理生活垃圾的，按次处一百元以上一千元以下的罚款。

第九十四条　违反本法规定，有下列行为之一，由依照本法规定行使海洋环境监督管理权的部门或者机构责令改正，处以罚款：

（一）未依法公开排污信息或者弄虚作假的；

（二）因发生事故或者其他突发性事件，造成或者可能造成海洋环境污染、生态破坏事件，未按照规定通报或者报告的；

（三）未按照有关规定制定应急预案并备案，或者未按照有关规定配备应急设备、器材的；

（四）因发生事故或者其他突发性事件，造成或者可能造成海洋环境污染、生态破坏事件，未立即采取有效措施或者逃逸的；

（五）未采取必要应对措施，造成海洋生态灾害危害扩大的。

有前款第一项行为的，处二万元以上二十万元以下的罚款，拒不改正的，责令限制生产、停产整治；有前款第二项行为的，处五万元以上五十万元以下的罚款，对直接负责的主管人员和其他直接责任人员处一万元以上十万元以下的罚款，并可以暂扣或者吊销相关任职资格许可；有前款第三项行为的，处二万元以上二十万元以下的罚款；有前款第四项、第五项行为之一的，处二十万元以上二百万元以下的罚款。

第九十五条　违反本法规定，拒绝、阻挠调查和现场检查，或者在被检查时弄虚作假的，由依照本法规定行使海洋环境监督管理权的部门或者机构责令改正，处五万元以上二十万元以下的罚款；对直接负责的主管人员和其他直接责任人员处二万元以上十万元以下的罚款。

第九十六条　违反本法规定，造成珊瑚礁等海洋生态系统或者自然保护地破坏的，由依照本法规定行使海洋环境监督管理权的部门或者机构责令改正、采取补救措施，处每平方米一千元以上一万元以下的罚款。

第九十七条　违反本法规定，有下列行为之一，由依照本法规定行使海洋环境监督管理权的部门或者机构责令改正，处以罚款：

（一）占用、损害自然岸线的；

（二）在严格保护岸线范围内开采海砂的；

（三）违反本法其他关于海砂、矿产资源规定的。

有前款第一项行为的，处每米五百元以上一万元以下的罚款；有前款第二项行为的，处货值金额二倍以上二十倍以下的罚款，货值金额不足十万元的，处二十万元以上二百万元以下的罚款；有前款第三项行为的，处五万元以上五十万元以下的罚款。

第九十八条 违反本法规定,从事海水养殖活动有下列行为之一,由依照本法规定行使海洋环境监督管理权的部门或者机构责令改正,处二万元以上二十万元以下的罚款;情节严重的,报经有批准权的人民政府批准,责令停业、关闭:

(一)违反禁养区、限养区规定的;

(二)违反养殖规模、养殖密度规定的;

(三)违反投饵、投肥、药物使用规定的;

(四)未按照有关规定对养殖尾水自行监测的。

第九十九条 违反本法规定设置入海排污口的,由生态环境主管部门责令关闭或者拆除,处二万元以上十万元以下的罚款;拒不关闭或者拆除的,强制关闭、拆除,所需费用由违法者承担,处十万元以上五十万元以下的罚款;情节严重的,可以责令停产整治。

违反本法规定,设置入海排污口未备案的,由生态环境主管部门责令改正,处二万元以上十万元以下的罚款。

违反本法规定,入海排污口的责任主体未按照规定开展监控、自动监测的,由生态环境主管部门责令改正,处二万元以上十万元以下的罚款;拒不改正的,可以责令停产整治。

自然资源、渔业等部门和海事管理机构、海警机构、军队生态环境保护部门发现前三款违法行为之一的,应当通报生态环境主管部门。

第一百条 违反本法规定,经中华人民共和国管辖海域,转移危险废物的,由国家海事管理机构责令非法运输该危险废物的船舶退出中华人民共和国管辖海域,处五十万元以上五百万元以下的罚款。

第一百零一条 违反本法规定,建设单位未落实建设项目投资计划有关要求的,由生态环境主管部门责令改正,处五万元以上二十万元以下的罚款;拒不改正的,处二十万元以上一百万元以下的罚款。

违反本法规定,建设单位未依法报批或者报请重新审核环境影响报告书（表），擅自开工建设的，由生态环境主管部门或者海警机构责令其停止建设，根据违法情节和危害后果，处建设项目总投资额百分之一以上百分之五以下的罚款，并可以责令恢复原状；对建设单位直接负责的主管人员和其他直接责任人员，依法给予处分。建设单位未依法备案环境影响登记表的，由生态环境主管部门责令备案，处五万元以下的罚款。

第一百零二条 违反本法规定，在依法划定的自然保护地、重要渔业水域及其他需要特别保护的区域建设污染环境、破坏生态的工程建设项目或者从事其他活动，或者在沿海陆域新建不符合国家产业政策的生产项目的，由县级以上人民政府按照管理权限责令关闭。

违反生态环境准入清单进行生产建设活动的，由依照本法规定行使海洋环境监督管理权的部门或者机构责令停止违法行为，限期拆除并恢复原状，所需费用由违法者承担，处五十万元以上五百万元以下的罚款，对直接负责的主管人员和其他直接责任人员处五万元以上十万元以下的罚款；情节严重的，报经有批准权的人民政府批准，责令关闭。

第一百零三条 违反本法规定，环境保护设施未与主体工程同时设计、同时施工、同时投产使用的，或者环境保护设施未建成、未达到规定要求、未经验收或者经验收不合格即投入生产、使用的，由生态环境主管部门或者海警机构责令改正，处二十万元以上一百万元以下的罚款；拒不改正的，处一百万元以上二百万元以下的罚款；对直接负责的主管人员和其他责任人员处五万元以上二十万元以下的罚款；造成重大环境污染、生态破坏的，责令其停止生产、使用，或者报经有批准权的人民政府批准，责令关闭。

第一百零四条 违反本法规定，工程建设项目有下列行为之一，由依照本法规定行使海洋环境监督管理权的部门或者机构责令其停止违法行为、消除危害，处二十万元以上一百万元以下的罚款；情节严重的，报经有批准权的人民政府批准，责令停业、关闭：

（一）使用含超标准放射性物质或者易溶出有毒有害物质的材料的；

（二）造成领海基点及其周围环境的侵蚀、淤积、损害，或者危及领海基点稳定的。

第一百零五条 违反本法规定进行海洋油气勘探开发活动，造成海洋环境污染的，由海警机构责令改正，给予警告，并处二十万元以上一百万元以下的罚款。

第一百零六条 违反本法规定，有下列行为之一，由国务院生态环境主管部门及其海域派出机构、海事管理机构或者海警机构责令改正，处以罚款，必要时可以扣押船舶；情节严重的，报经有批准权的人民政府批准，责令停业、关闭：

（一）倾倒废弃物的船舶驶出港口未报告的；

（二）未取得倾倒许可证，向海洋倾倒废弃物的；

（三）在海上焚烧废弃物或者处置放射性废物及其他放射性物质的。

有前款第一项行为的，对违法船舶的所有人、经营人或者管理人处三千元以上三万元以下的罚款，对船长、责任船员或者其他责任人员处五百元以上五千元以下的罚款；有前款第二项行为的，处二十万元以上二百万元以下的罚款；有前款第三项行为的，处五十万元以上五百万元以下的罚款。有前款第二项、第三项行为之一，两年内受到行政处罚三次以上的，三年内不得从事废弃物海洋倾倒活动。

第一百零七条 违反本法规定，有下列行为之一，由国务院生态环境主管部门及其海域派出机构、海事管理机构或者海警机构责令改正，处以罚款，暂扣或者吊销倾倒许可证，必要时可以扣押船舶；情节严重的，报经有批准权的人民政府批准，责令停业、关闭：

（一）未按照国家规定报告倾倒情况的；

（二）未按照国家规定安装使用海洋倾废在线监控设备的；

（三）获准倾倒废弃物的单位未依照本法规定委托实施废弃物海

洋倾倒作业或者未依照本法规定监督实施的;

（四）未按照倾倒许可证的规定倾倒废弃物的。

有前款第一项行为的，按次处五千元以上二万元以下的罚款；有前款第二项行为的，处二万元以上二十万元以下的罚款；有前款第三项行为的，处三万元以上三十万元以下的罚款；有前款第四项行为的，处二十万元以上一百万元以下的罚款，被吊销倾倒许可证的，三年内不得从事废弃物海洋倾倒活动。

以提供虚假申请材料、欺骗、贿赂等不正当手段申请取得倾倒许可证的，由国务院生态环境主管部门及其海域派出机构依法撤销倾倒许可证，并处二十万元以上五十万元以下的罚款；三年内不得再次申请倾倒许可证。

第一百零八条 违反本法规定，将中华人民共和国境外废弃物运进中华人民共和国管辖海域倾倒的，由海警机构责令改正，根据造成或者可能造成的危害后果，处五十万元以上五百万元以下的罚款。

第一百零九条 违反本法规定，有下列行为之一，由依照本法规定行使海洋环境监督管理权的部门或者机构责令改正，处以罚款：

（一）港口、码头、装卸站、船舶修造拆解单位未按照规定配备或者有效运行船舶污染物、废弃物接收设施，或者船舶的结构、配备的防污设备和器材不符合国家防污规定或者未经检验合格的；

（二）从事船舶污染物、废弃物接收和船舶清舱、洗舱作业活动，不具备相应接收处理能力的；

（三）从事船舶拆解、旧船改装、打捞和其他水上、水下施工作业，造成海洋环境污染损害的；

（四）采取冲滩方式进行船舶拆解作业的。

有前款第一项、第二项行为之一的，处二万元以上三十万元以下的罚款；有前款第三项行为的，处五万元以上二十万元以下的罚款；有前款第四项行为的，处十万元以上一百万元以下的罚款。

第一百一十条 违反本法规定，有下列行为之一，由依照本法规定行使海洋环境监督管理权的部门或者机构责令改正，处以罚款：

（一）未在船上备有有害材料清单，未在船舶建造、营运和维修过程中持续更新有害材料清单，或者未在船舶拆解前将有害材料清单提供给从事船舶拆解单位的；

（二）船舶未持有防污证书、防污文书，或者不按照规定监测、监控，如实记载和保存船舶污染物、压载水和沉积物的排放及操作记录的；

（三）船舶采取措施提高能效水平未达到有关规定的；

（四）进入控制区的船舶不符合船舶污染物排放相关控制要求的；

（五）具备岸电供应能力的港口经营人、岸电供电企业未按照国家规定为具备岸电使用条件的船舶提供岸电的；

（六）具备岸电使用条件的船舶靠港，不按照国家规定使用岸电的。

有前款第一项行为的，处二万元以下的罚款；有前款第二项行为的，处十万元以下的罚款；有前款第三项行为的，处一万元以上十万元以下的罚款；有前款第四项行为的，处三万元以上三十万元以下的罚款；有前款第五项、第六项行为之一的，处一万元以上十万元以下的罚款，情节严重的，处十万元以上五十万元以下的罚款。

第一百一十一条 违反本法规定，有下列行为之一，由依照本法规定行使海洋环境监督管理权的部门或者机构责令改正，处以罚款：

（一）拒报或者谎报船舶载运污染危害性货物申报事项的；

（二）托运人未将托运的污染危害性货物的正式名称、污染危害性以及应当采取的防护措施如实告知承运人的；

（三）托运人交付承运人的污染危害性货物的单证、包装、标志、数量限制不符合对所交付货物的有关规定的；

（四）托运人在托运的普通货物中夹带污染危害性货物或者将污染危害性货物谎报为普通货物的；

（五）需要船舶载运污染危害性不明的货物，未按照有关规定事先进行评估的。

有前款第一项行为的，处五万元以下的罚款；有前款第二项行为的，处五万元以上十万元以下的罚款；有前款第三项、第五项行为之一的，处二万元以上十万元以下的罚款；有前款第四项行为的，处十万元以上二十万元以下的罚款。

第一百一十二条　违反本法规定，有下列行为之一，由依照本法规定行使海洋环境监督管理权的部门或者机构责令改正，处一万元以上五万元以下的罚款：

（一）载运具有污染危害性货物的船舶未经许可进出港口或者装卸作业的；

（二）装卸油类及有毒有害货物的作业，船岸双方未遵守安全防污操作规程的；

（三）船舶进行散装液体污染危害性货物的过驳作业，未编制作业方案或者未按照有关规定报经批准的。

第一百一十三条　企业事业单位和其他生产经营者违反本法规定向海域排放、倾倒、处置污染物、废弃物或者其他物质，受到罚款处罚，被责令改正的，依法作出处罚决定的部门或者机构应当组织复查，发现其继续实施该违法行为或者拒绝、阻挠复查的，依照《中华人民共和国环境保护法》的规定按日连续处罚。

第一百一十四条　对污染海洋环境、破坏海洋生态，造成他人损害的，依照《中华人民共和国民法典》等法律的规定承担民事责任。

对污染海洋环境、破坏海洋生态，给国家造成重大损失的，由依照本法规定行使海洋环境监督管理权的部门代表国家对责任者提出损害赔偿要求。

前款规定的部门不提起诉讼的，人民检察院可以向人民法院提起诉讼。前款规定的部门提起诉讼的，人民检察院可以支持起诉。

第一百一十五条　对违反本法规定，造成海洋环境污染、生态破坏事故的单位,除依法承担赔偿责任外,由依照本法规定行使海洋环境监督管理权的部门或者机构处以罚款;对直接负责的主管人员和其他直接责任人员可以处上一年度从本单位取得收入百分之五十以下的罚款;直接负责的主管人员和其他直接责任人员属于公职人员的,依法给予处分。

对造成一般或者较大海洋环境污染、生态破坏事故的,按照直接损失的百分之二十计算罚款;对造成重大或者特大海洋环境污染、生态破坏事故的,按照直接损失的百分之三十计算罚款。

第一百一十六条 完全属于下列情形之一,经过及时采取合理措施,仍然不能避免对海洋环境造成污染损害的,造成污染损害的有关责任者免予承担责任:

(一)战争;

(二)不可抗拒的自然灾害;

(三)负责灯塔或者其他助航设备的主管部门,在执行职责时的疏忽,或者其他过失行为。

第一百一十七条 未依照本法规定缴纳倾倒费的,由国务院生态环境主管部门及其海域派出机构责令限期缴纳;逾期拒不缴纳的,处应缴纳倾倒费数额一倍以上三倍以下的罚款,并可以报经有批准权的人民政府批准,责令停业、关闭。

第一百一十八条 海洋环境监督管理人员滥用职权、玩忽职守、徇私舞弊,造成海洋环境污染损害、生态破坏的,依法给予处分。

第一百一十九条 违反本法规定,构成违反治安管理行为的,依法给予治安管理处罚;构成犯罪的,依法追究刑事责任。

第九章 附 则

第一百二十条 本法中下列用语的含义是:

(一)海洋环境污染损害,是指直接或者间接地把物质或者能量引入海洋环境,产生损害海洋生物资源、危害人体健康、妨害渔业和海上其他合法活动、损害海水使用素质和减损环境质量等有害影响。

（二）内水，是指我国领海基线向内陆一侧的所有海域。

（三）沿海陆域，是指与海岸相连，或者通过管道、沟渠、设施，直接或者间接向海洋排放污染物及其相关活动的一带区域。

（四）滨海湿地，是指低潮时水深不超过六米的水域及其沿岸浸湿地带，包括水深不超过六米的永久性水域、潮间带（或者洪泛地带）和沿海低地等，但是用于养殖的人工的水域和滩涂除外。

（五）陆地污染源（简称陆源），是指从陆地向海域排放污染物，造成或者可能造成海洋环境污染的场所、设施等。

（六）陆源污染物，是指由陆地污染源排放的污染物。

（七）倾倒，是指通过船舶、航空器、平台或者其他载运工具，向海洋处置废弃物和其他有害物质的行为，包括弃置船舶、航空器、平台及其辅助设施和其他浮动工具的行为。

（八）海岸线，是指多年大潮平均高潮位时海陆分界痕迹线，以国家组织开展的海岸线修测结果为准。

（九）入海河口，是指河流终端与受水体（海）相结合的地段。

（十）海洋生态灾害，是指受自然环境变化或者人为因素影响，导致一种或者多种海洋生物暴发性增殖或者高度聚集，对海洋生态系统结构和功能造成损害。

（十一）渔业水域，是指鱼虾蟹贝类的产卵场、索饵场、越冬场、洄游通道和鱼虾蟹贝藻类及其他水生动植物的养殖场。

（十二）排放，是指把污染物排入海洋的行为，包括泵出、溢出、泄出、喷出和倒出。

（十三）油类，是指任何类型的油及其炼制品。

（十四）入海排污口，是指直接或者通过管道、沟、渠等排污通道向海洋环境水体排放污水的口门，包括工业排污口、城镇污水处理厂排污口、农业排口及其他排口等类型。

（十五）油性混合物，是指任何含有油份的混合物。

（十六）海上焚烧，是指以热摧毁为目的，在海上焚烧设施上，故意焚烧废弃物或者其他物质的行为，但是船舶、平台或者其他人工构造物正常操作中所附带发生的行为除外。

第一百二十一条 涉及海洋环境监督管理的有关部门的具体职权划分，本法未作规定的，由国务院规定。

沿海县级以上地方人民政府行使海洋环境监督管理权的部门的职责，由省、自治区、直辖市人民政府根据本法及国务院有关规定确定。

第一百二十二条 军事船舶和军事用海环境保护管理办法，由国务院、中央军事委员会依照本法制定。

第一百二十三条 中华人民共和国缔结或者参加的与海洋环境保护有关的国际条约与本法有不同规定的，适用国际条约的规定；但是，中华人民共和国声明保留的条款除外。

第一百二十四条 本法自2024年1月1日起施行。

中华人民共和国环境保护法

(1989年12月26日第七届全国人民代表大会常务委员会第十一次会议通过 2014年4月24日第十二届全国人民代表大会常务委员会第八次会议修订)

目　　录

第一章　总　　则
第二章　监督管理
第三章　保护和改善环境
第四章　防治污染和其他公害
第五章　信息公开和公众参与
第六章　法律责任
第七章　附　　则

第一章　总　　则

第一条　为保护和改善环境，防治污染和其他公害，保障公众健康，推进生态文明建设，促进经济社会可持续发展，制定本法。

第二条　本法所称环境，是指影响人类生存和发展的各种天然的和经过人工改造的自然因素的总体，包括大气、水、海洋、土地、矿藏、森林、草原、湿地、野生生物、自然遗迹、人文遗迹、自然保护区、风景名胜区、城市和乡村等。

第三条　本法适用于中华人民共和国领域和中华人民共和国管辖的其他海域。

第四条 保护环境是国家的基本国策。

国家采取有利于节约和循环利用资源、保护和改善环境、促进人与自然和谐的经济、技术政策和措施，使经济社会发展与环境保护相协调。

第五条 环境保护坚持保护优先、预防为主、综合治理、公众参与、损害担责的原则。

第六条 一切单位和个人都有保护环境的义务。

地方各级人民政府应当对本行政区域的环境质量负责。

企业事业单位和其他生产经营者应当防止、减少环境污染和生态破坏，对所造成的损害依法承担责任。

公民应当增强环境保护意识，采取低碳、节俭的生活方式，自觉履行环境保护义务。

第七条 国家支持环境保护科学技术研究、开发和应用，鼓励环境保护产业发展，促进环境保护信息化建设，提高环境保护科学技术水平。

第八条 各级人民政府应当加大保护和改善环境、防治污染和其他公害的财政投入，提高财政资金的使用效益。

第九条 各级人民政府应当加强环境保护宣传和普及工作，鼓励基层群众性自治组织、社会组织、环境保护志愿者开展环境保护法律法规和环境保护知识的宣传，营造保护环境的良好风气。

教育行政部门、学校应当将环境保护知识纳入学校教育内容，培养学生的环境保护意识。

新闻媒体应当开展环境保护法律法规和环境保护知识的宣传，对环境违法行为进行舆论监督。

第十条 国务院环境保护主管部门，对全国环境保护工作实施统一监督管理；县级以上地方人民政府环境保护主管部门，对本行政区域环境保护工作实施统一监督管理。

县级以上人民政府有关部门和军队环境保护部门，依照有关法律的规定对资源保护和污染防治等环境保护工作实施监督管理。

第十一条　对保护和改善环境有显著成绩的单位和个人，由人民政府给予奖励。

第十二条　每年6月5日为环境日。

第二章　监督管理

第十三条　县级以上人民政府应当将环境保护工作纳入国民经济和社会发展规划。

国务院环境保护主管部门会同有关部门，根据国民经济和社会发展规划编制国家环境保护规划，报国务院批准并公布实施。

县级以上地方人民政府环境保护主管部门会同有关部门，根据国家环境保护规划的要求，编制本行政区域的环境保护规划，报同级人民政府批准并公布实施。

环境保护规划的内容应当包括生态保护和污染防治的目标、任务、保障措施等，并与主体功能区规划、土地利用总体规划和城乡规划等相衔接。

第十四条　国务院有关部门和省、自治区、直辖市人民政府组织制定经济、技术政策，应当充分考虑对环境的影响，听取有关方面和专家的意见。

第十五条　国务院环境保护主管部门制定国家环境质量标准。

省、自治区、直辖市人民政府对国家环境质量标准中未作规定的项目，可以制定地方环境质量标准；对国家环境质量标准中已作规定的项目，可以制定严于国家环境质量标准的地方环境质量标准。地方环境质量标准应当报国务院环境保护主管部门备案。

国家鼓励开展环境基准研究。

第十六条　国务院环境保护主管部门根据国家环境质量标准和国家经济、技术条件，制定国家污染物排放标准。

省、自治区、直辖市人民政府对国家污染物排放标准中未作规定的项目，可以制定地方污染物排放标准；对国家污染物排放标准中已作规定的项目，可以制定严于国家污染物排放标准的地方污染物排放标准。地方污染物排放标准应当报国务院环境保护主管部门备案。

第十七条　国家建立、健全环境监测制度。国务院环境保护主管部门制定监测规范，会同有关部门组织监测网络，统一规划国家环境质量监测站（点）的设置，建立监测数据共享机制，加强对环境监测的管理。

有关行业、专业等各类环境质量监测站（点）的设置应当符合法律法规规定和监测规范的要求。

监测机构应当使用符合国家标准的监测设备，遵守监测规范。监测机构及其负责人对监测数据的真实性和准确性负责。

第十八条　省级以上人民政府应当组织有关部门或者委托专业机构，对环境状况进行调查、评价，建立环境资源承载能力监测预警机制。

第十九条　编制有关开发利用规划，建设对环境有影响的项目，应当依法进行环境影响评价。

未依法进行环境影响评价的开发利用规划，不得组织实施；未依法进行环境影响评价的建设项目，不得开工建设。

第二十条　国家建立跨行政区域的重点区域、流域环境污染和生态破坏联合防治协调机制，实行统一规划、统一标准、统一监测、统一的防治措施。

前款规定以外的跨行政区域的环境污染和生态破坏的防治，由上级人民政府协调解决，或者由有关地方人民政府协商解决。

第二十一条　国家采取财政、税收、价格、政府采购等方面的政策和措施，鼓励和支持环境保护技术装备、资源综合利用和环境服务等环境保护产业的发展。

第二十二条　企业事业单位和其他生产经营者，在污染物排放符合法定要求的基础上，进一步减少污染物排放的，人民政府应当依法采取财政、税收、价格、政府采购等方面的政策和措施予以鼓励和支持。

第二十三条　企业事业单位和其他生产经营者，为改善环境，依照有关规定转产、搬迁、关闭的，人民政府应当予以支持。

第二十四条　县级以上人民政府环境保护主管部门及其委托的环境监察机构和其他负有环境保护监督管理职责的部门，有权对排放污染物的企业事业单位和其他生产经营者进行现场检查。被检查者应当如实反映情况，提供必要的资料。实施现场检查的部门、机构及其工作人员应当为被检查者保守商业秘密。

第二十五条　企业事业单位和其他生产经营者违反法律法规规定排放污染物，造成或者可能造成严重污染的，县级以上人民政府环境保护主管部门和其他负有环境保护监督管理职责的部门，可以查封、扣押造成污染物排放的设施、设备。

第二十六条　国家实行环境保护目标责任制和考核评价制度。县级以上人民政府应当将环境保护目标完成情况纳入对本级人民政府负有环境保护监督管理职责的部门及其负责人和下级人民政府及其负责人的考核内容，作为对其考核评价的重要依据。考核结果应当向社会公开。

第二十七条　县级以上人民政府应当每年向本级人民代表大会或者人民代表大会常务委员会报告环境状况和环境保护目标完成情况，对发生的重大环境事件应当及时向本级人民代表大会常务委员会报告，依法接受监督。

第三章　保护和改善环境

第二十八条　地方各级人民政府应当根据环境保护目标和治理任务，采取有效措施，改善环境质量。

未达到国家环境质量标准的重点区域、流域的有关地方人民政府，应当制定限期达标规划，并采取措施按期达标。

第二十九条　国家在重点生态功能区、生态环境敏感区和脆弱区等区域划定生态保护红线,实行严格保护。

各级人民政府对具有代表性的各种类型的自然生态系统区域、珍稀、濒危的野生动植物自然分布区域,重要的水源涵养区域,具有重大科学文化价值的地质构造、著名溶洞和化石分布区、冰川、火山、温泉等自然遗迹,以及人文遗迹、古树名木,应当采取措施予以保护,严禁破坏。

第三十条 开发利用自然资源,应当合理开发,保护生物多样性,保障生态安全,依法制定有关生态保护和恢复治理方案并予以实施。

引进外来物种以及研究、开发和利用生物技术,应当采取措施,防止对生物多样性的破坏。

第三十一条 国家建立、健全生态保护补偿制度。

国家加大对生态保护地区的财政转移支付力度。有关地方人民政府应当落实生态保护补偿资金,确保其用于生态保护补偿。

国家指导受益地区和生态保护地区人民政府通过协商或者按照市场规则进行生态保护补偿。

第三十二条 国家加强对大气、水、土壤等的保护,建立和完善相应的调查、监测、评估和修复制度。

第三十三条 各级人民政府应当加强对农业环境的保护,促进农业环境保护新技术的使用,加强对农业污染源的监测预警,统筹有关部门采取措施,防治土壤污染和土地沙化、盐渍化、贫瘠化、石漠化、地面沉降以及防治植被破坏、水土流失、水体富营养化、水源枯竭、种源灭绝等生态失调现象,推广植物病虫害的综合防治。

县级、乡级人民政府应当提高农村环境保护公共服务水平,推动农村环境综合整治。

第三十四条 国务院和沿海地方各级人民政府应当加强对海洋环境的保护。向海洋排放污染物、倾倒废弃物,进行海岸工程和海洋工程建设,应当符合法律法规规定和有关标准,防止和减少对海洋环境的污染损害。

第三十五条　城乡建设应当结合当地自然环境的特点，保护植被、水域和自然景观，加强城市园林、绿地和风景名胜区的建设与管理。

第三十六条　国家鼓励和引导公民、法人和其他组织使用有利于保护环境的产品和再生产品，减少废弃物的产生。

国家机关和使用财政资金的其他组织应当优先采购和使用节能、节水、节材等有利于保护环境的产品、设备和设施。

第三十七条　地方各级人民政府应当采取措施，组织对生活废弃物的分类处置、回收利用。

第三十八条　公民应当遵守环境保护法律法规，配合实施环境保护措施，按照规定对生活废弃物进行分类放置，减少日常生活对环境造成的损害。

第三十九条　国家建立、健全环境与健康监测、调查和风险评估制度；鼓励和组织开展环境质量对公众健康影响的研究，采取措施预防和控制与环境污染有关的疾病。

第四章　防治污染和其他公害

第四十条　国家促进清洁生产和资源循环利用。

国务院有关部门和地方各级人民政府应当采取措施，推广清洁能源的生产和使用。

企业应当优先使用清洁能源，采用资源利用率高、污染物排放量少的工艺、设备以及废弃物综合利用技术和污染物无害化处理技术，减少污染物的产生。

第四十一条　建设项目中防治污染的设施，应当与主体工程同时设计、同时施工、同时投产使用。防治污染的设施应当符合经批准的环境影响评价文件的要求，不得擅自拆除或者闲置。

第四十二条　排放污染物的企业事业单位和其他生产经营者，应当采取措施，防治在生产建设或者其他活动中产生的废气、废水、废渣、医疗废物、粉尘、恶臭气体、放射性物质以及噪声、振动、光辐射、电磁辐射等对环境的污染和危害。

排放污染物的企业事业单位，应当建立环境保护责任制度，明确单位负责人和相关人员的责任。

重点排污单位应当按照国家有关规定和监测规范安装使用监测设备，保证监测设备正常运行，保存原始监测记录。

严禁通过暗管、渗井、渗坑、灌注或者篡改、伪造监测数据，或者不正常运行防治污染设施等逃避监管的方式违法排放污染物。

第四十三条 排放污染物的企业事业单位和其他生产经营者，应当按照国家有关规定缴纳排污费。排污费应当全部专项用于环境污染防治，任何单位和个人不得截留、挤占或者挪作他用。

依照法律规定征收环境保护税的，不再征收排污费。

第四十四条 国家实行重点污染物排放总量控制制度。重点污染物排放总量控制指标由国务院下达，省、自治区、直辖市人民政府分解落实。企业事业单位在执行国家和地方污染物排放标准的同时，应当遵守分解落实到本单位的重点污染物排放总量控制指标。

对超过国家重点污染物排放总量控制指标或者未完成国家确定的环境质量目标的地区，省级以上人民政府环境保护主管部门应当暂停审批其新增重点污染物排放总量的建设项目环境影响评价文件。

第四十五条 国家依照法律规定实行排污许可管理制度。

实行排污许可管理的企业事业单位和其他生产经营者应当按照排污许可证的要求排放污染物；未取得排污许可证的，不得排放污染物。

第四十六条 国家对严重污染环境的工艺、设备和产品实行淘汰制度。任何单位和个人不得生产、销售或者转移、使用严重污染环境的工艺、设备和产品。

禁止引进不符合我国环境保护规定的技术、设备、材料和产品。

第四十七条 各级人民政府及其有关部门和企业事业单位，应当依照《中华人民共和国突发事件应对法》的规定，做好突发环境事件的风险控制、应急准备、应急处置和事后恢复等工作。

县级以上人民政府应当建立环境污染公共监测预警机制，组织制定预警方案；环境受到污染，可能影响公众健康和环境安全时，依法及时公布预警信息，启动应急措施。

企业事业单位应当按照国家有关规定制定突发环境事件应急预案，报环境保护主管部门和有关部门备案。在发生或者可能发生突发环境事件时，企业事业单位应当立即采取措施处理，及时通报可能受到危害的单位和居民，并向环境保护主管部门和有关部门报告。

突发环境事件应急处置工作结束后，有关人民政府应当立即组织评估事件造成的环境影响和损失，并及时将评估结果向社会公布。

第四十八条 生产、储存、运输、销售、使用、处置化学物品和含有放射性物质的物品，应当遵守国家有关规定，防止污染环境。

第四十九条 各级人民政府及其农业等有关部门和机构应当指导农业生产经营者科学种植和养殖，科学合理施用农药、化肥等农业投入品，科学处置农用薄膜、农作物秸秆等农业废弃物，防止农业面源污染。

禁止将不符合农用标准和环境保护标准的固体废物、废水施入农田。施用农药、化肥等农业投入品及进行灌溉，应当采取措施，防止重金属和其他有毒有害物质污染环境。

畜禽养殖场、养殖小区、定点屠宰企业等的选址、建设和管理应当符合有关法律法规规定。从事畜禽养殖和屠宰的单位和个人应当采取措施，对畜禽粪便、尸体和污水等废弃物进行科学处置，防止污染环境。

县级人民政府负责组织农村生活废弃物的处置工作。

第五十条 各级人民政府应当在财政预算中安排资金，支持农村饮用水水源地保护、生活污水和其他废弃物处理、畜禽养殖和屠宰污染防治、土壤污染防治和农村工矿污染治理等环境保护工作。

第五十一条 各级人民政府应当统筹城乡建设污水处理设施及配套管网，固体废物的收集、运输和处置等环境卫生设施，危险废物集中处置设施、场所以及其他环境保护公共设施，并保障其正常运行。

第五十二条 国家鼓励投保环境污染责任保险。

第五章　信息公开和公众参与

第五十三条 公民、法人和其他组织依法享有获取环境信息、参与和监督环境保护的权利。

各级人民政府环境保护主管部门和其他负有环境保护监督管理职责的部门，应当依法公开环境信息、完善公众参与程序，为公民、法人和其他组织参与和监督环境保护提供便利。

第五十四条 国务院环境保护主管部门统一发布国家环境质量、重点污染源监测信息及其他重大环境信息。省级以上人民政府环境保护主管部门定期发布环境状况公报。

县级以上人民政府环境保护主管部门和其他负有环境保护监督管理职责的部门，应当依法公开环境质量、环境监测、突发环境事件以及环境行政许可、行政处罚、排污费的征收和使用情况等信息。

县级以上地方人民政府环境保护主管部门和其他负有环境保护监督管理职责的部门，应当将企业事业单位和其他生产经营者的环境违法信息记入社会诚信档案，及时向社会公布违法者名单。

第五十五条 重点排污单位应当如实向社会公开其主要污染物的名称、排放方式、排放浓度和总量、超标排放情况，以及防治污染设施的建设和运行情况，接受社会监督。

第五十六条 对依法应当编制环境影响报告书的建设项目，建设单位应当在编制时向可能受影响的公众说明情况，充分征求意见。

负责审批建设项目环境影响评价文件的部门在收到建设项目环境影响报告书后，除涉及国家秘密和商业秘密的事项外，应当全文公开；发现建设项目未充分征求公众意见的，应当责成建设单位征求公众意见。

第五十七条　公民、法人和其他组织发现任何单位和个人有污染环境和破坏生态行为的，有权向环境保护主管部门或者其他负有环境保护监督管理职责的部门举报。

公民、法人和其他组织发现地方各级人民政府、县级以上人民政府环境保护主管部门和其他负有环境保护监督管理职责的部门不依法履行职责的，有权向其上级机关或者监察机关举报。

接受举报的机关应当对举报人的相关信息予以保密，保护举报人的合法权益。

第五十八条　对污染环境、破坏生态，损害社会公共利益的行为，符合下列条件的社会组织可以向人民法院提起诉讼：

（一）依法在设区的市级以上人民政府民政部门登记；

（二）专门从事环境保护公益活动连续五年以上且无违法记录。

符合前款规定的社会组织向人民法院提起诉讼，人民法院应当依法受理。

提起诉讼的社会组织不得通过诉讼牟取经济利益。

第六章　法律责任

第五十九条　企业事业单位和其他生产经营者违法排放污染物，受到罚款处罚，被责令改正，拒不改正的，依法作出处罚决定的行政机关可以自责令改正之日的次日起，按照原处罚数额按日连续处罚。

前款规定的罚款处罚，依照有关法律法规按照防治污染设施的运行成本、违法行为造成的直接损失或者违法所得等因素确定的规定执行。

地方性法规可以根据环境保护的实际需要，增加第一款规定的按日连续处罚的违法行为的种类。

第六十条　企业事业单位和其他生产经营者超过污染物排放标

准或者超过重点污染物排放总量控制指标排放污染物的，县级以上人民政府环境保护主管部门可以责令其采取限制生产、停产整治等措施；情节严重的，报经有批准权的人民政府批准，责令停业、关闭。

第六十一条 建设单位未依法提交建设项目环境影响评价文件或者环境影响评价文件未经批准，擅自开工建设的，由负有环境保护监督管理职责的部门责令停止建设，处以罚款，并可以责令恢复原状。

第六十二条 违反本法规定，重点排污单位不公开或者不如实公开环境信息的，由县级以上地方人民政府环境保护主管部门责令公开，处以罚款，并予以公告。

第六十三条 企业事业单位和其他生产经营者有下列行为之一，尚不构成犯罪的，除依照有关法律法规规定予以处罚外，由县级以上人民政府环境保护主管部门或者其他有关部门将案件移送公安机关，对其直接负责的主管人员和其他直接责任人员，处十日以上十五日以下拘留；情节较轻的，处五日以上十日以下拘留：

（一）建设项目未依法进行环境影响评价，被责令停止建设，拒不执行的；

（二）违反法律规定，未取得排污许可证排放污染物，被责令停止排污，拒不执行的；

（三）通过暗管、渗井、渗坑、灌注或者篡改、伪造监测数据，或者不正常运行防治污染设施等逃避监管的方式违法排放污染物的；

（四）生产、使用国家明令禁止生产、使用的农药，被责令改正，拒不改正的。

第六十四条 因污染环境和破坏生态造成损害的，应当依照《中华人民共和国侵权责任法》的有关规定承担侵权责任。

第六十五条 环境影响评价机构、环境监测机构以及从事环境监测设备和防治污染设施维护、运营的机构，在有关环境服务活动中弄虚作假,对造成的环境污染和生态破坏负有责任的,除依照有关法律法规规定予以处罚外,还应当与造成环境污染和生态破坏的其他责任者承担连带责任。

第六十六条　提起环境损害赔偿诉讼的时效期间为三年,从当事人知道或者应当知道其受到损害时起计算。

第六十七条　上级人民政府及其环境保护主管部门应当加强对下级人民政府及其有关部门环境保护工作的监督。发现有关工作人员有违法行为,依法应当给予处分的,应当向其任免机关或者监察机关提出处分建议。

依法应当给予行政处罚,而有关环境保护主管部门不给予行政处罚的,上级人民政府环境保护主管部门可以直接作出行政处罚的决定。

第六十八条　地方各级人民政府、县级以上人民政府环境保护主管部门和其他负有环境保护监督管理职责的部门有下列行为之一的,对直接负责的主管人员和其他直接责任人员给予记过、记大过或者降级处分;造成严重后果的,给予撤职或者开除处分,其主要负责人应当引咎辞职:

(一)不符合行政许可条件准予行政许可的;

(二)对环境违法行为进行包庇的;

(三)依法应当作出责令停业、关闭的决定而未作出的;

(四)对超标排放污染物、采用逃避监管的方式排放污染物、造成环境事故以及不落实生态保护措施造成生态破坏等行为,发现或者接到举报未及时查处的;

(五)违反本法规定,查封、扣押企业事业单位和其他生产经营者的设施、设备的;

(六)篡改、伪造或者指使篡改、伪造监测数据的;

(七)应当依法公开环境信息而未公开的;

(八)将征收的排污费截留、挤占或者挪作他用的;

(九)法律法规规定的其他违法行为。

第六十九条　违反本法规定,构成犯罪的,依法追究刑事责任。

第七章　附　　则

第七十条　本法自 2015 年 1 月 1 日起施行。

中华人民共和国环境影响评价法

（2002年10月28日第九届全国人民代表大会常务委员会第三十次会议通过　根据2016年7月2日第十二届全国人民代表大会常务委员会第二十一次会议《关于修改〈中华人民共和国节约能源法〉等六部法律的决定》第一次修正　根据2018年12月29日第十三届全国人民代表大会常务委员会第七次会议《关于修改〈中华人民共和国劳动法〉等七部法律的决定》第二次修正）

目　　录

第一章　总　　则
第二章　规划的环境影响评价
第三章　建设项目的环境影响评价
第四章　法律责任
第五章　附　　则

第一章　总　　则

第一条　为了实施可持续发展战略，预防因规划和建设项目实施后对环境造成不良影响，促进经济、社会和环境的协调发展，制定本法。

第二条　本法所称环境影响评价，是指对规划和建设项目实施后可能造成的环境影响进行分析、预测和评估，提出预防或者减轻不良环境影响的对策和措施，进行跟踪监测的方法与制度。

第三条　编制本法第九条所规定的范围内的规划，在中华人民共和国领域和中华人民共和国管辖的其他海域内建设对环境有影响的项目，应当依照本法进行环境影响评价。

　　第四条　环境影响评价必须客观、公开、公正，综合考虑规划或者建设项目实施后对各种环境因素及其所构成的生态系统可能造成的影响，为决策提供科学依据。

　　第五条　国家鼓励有关单位、专家和公众以适当方式参与环境影响评价。

　　第六条　国家加强环境影响评价的基础数据库和评价指标体系建设，鼓励和支持对环境影响评价的方法、技术规范进行科学研究，建立必要的环境影响评价信息共享制度，提高环境影响评价的科学性。

　　国务院生态环境主管部门应当会同国务院有关部门，组织建立和完善环境影响评价的基础数据库和评价指标体系。

第二章　规划的环境影响评价

　　第七条　国务院有关部门、设区的市级以上地方人民政府及其有关部门，对其组织编制的土地利用的有关规划，区域、流域、海域的建设、开发利用规划，应当在规划编制过程中组织进行环境影响评价，编写该规划有关环境影响的篇章或者说明。

　　规划有关环境影响的篇章或者说明，应当对规划实施后可能造成的环境影响作出分析、预测和评估，提出预防或者减轻不良环境影响的对策和措施，作为规划草案的组成部分一并报送规划审批机关。

　　未编写有关环境影响的篇章或者说明的规划草案，审批机关不予审批。

　　第八条　国务院有关部门、设区的市级以上地方人民政府及其有关部门，对其组织编制的工业、农业、畜牧业、林业、能源、水利、交通、城市建设、旅游、自然资源开发的有关专项规划（以下简称专项规划），应当在该专项规划草案上报审批前，组织进行环境影响评价，并向审批该专项规划的机关提出环境影响报告书。

前款所列专项规划中的指导性规划，按照本法第七条的规定进行环境影响评价。

第九条 依照本法第七条、第八条的规定进行环境影响评价的规划的具体范围，由国务院生态环境主管部门会同国务院有关部门规定，报国务院批准。

第十条 专项规划的环境影响报告书应当包括下列内容：

（一）实施该规划对环境可能造成影响的分析、预测和评估；

（二）预防或者减轻不良环境影响的对策和措施；

（三）环境影响评价的结论。

第十一条 专项规划的编制机关对可能造成不良环境影响并直接涉及公众环境权益的规划，应当在该规划草案报送审批前，举行论证会、听证会，或者采取其他形式，征求有关单位、专家和公众对环境影响报告书草案的意见。但是，国家规定需要保密的情形除外。

编制机关应当认真考虑有关单位、专家和公众对环境影响报告书草案的意见，并应当在报送审查的环境影响报告书中附具对意见采纳或者不采纳的说明。

第十二条 专项规划的编制机关在报批规划草案时，应当将环境影响报告书一并附送审批机关审查；未附送环境影响报告书的，审批机关不予审批。

第十三条 设区的市级以上人民政府在审批专项规划草案，作出决策前，应当先由人民政府指定的生态环境主管部门或者其他部门召集有关部门代表和专家组成审查小组，对环境影响报告书进行审查。审查小组应当提出书面审查意见。

参加前款规定的审查小组的专家，应当从按照国务院生态环境主管部门的规定设立的专家库内的相关专业的专家名单中，以随机抽取的方式确定。

由省级以上人民政府有关部门负责审批的专项规划，其环境影响报告书的审查办法，由国务院生态环境主管部门会同国务院有关部门制定。

第十四条　审查小组提出修改意见的，专项规划的编制机关应当根据环境影响报告书结论和审查意见对规划草案进行修改完善，并对环境影响报告书结论和审查意见的采纳情况作出说明；不采纳的，应当说明理由。

设区的市级以上人民政府或者省级以上人民政府有关部门在审批专项规划草案时，应当将环境影响报告书结论以及审查意见作为决策的重要依据。

在审批中未采纳环境影响报告书结论以及审查意见的，应当作出说明，并存档备查。

第十五条　对环境有重大影响的规划实施后，编制机关应当及时组织环境影响的跟踪评价，并将评价结果报告审批机关；发现有明显不良环境影响的，应当及时提出改进措施。

第三章　建设项目的环境影响评价

第十六条　国家根据建设项目对环境的影响程度，对建设项目的环境影响评价实行分类管理。

建设单位应当按照下列规定组织编制环境影响报告书、环境影响报告表或者填报环境影响登记表（以下统称环境影响评价文件）：

（一）可能造成重大环境影响的，应当编制环境影响报告书，对产生的环境影响进行全面评价；

（二）可能造成轻度环境影响的，应当编制环境影响报告表，对产生的环境影响进行分析或者专项评价；

（三）对环境影响很小、不需要进行环境影响评价的，应当填报环境影响登记表。

建设项目的环境影响评价分类管理名录，由国务院生态环境主管部门制定并公布。

第十七条 建设项目的环境影响报告书应当包括下列内容：

（一）建设项目概况；

（二）建设项目周围环境现状；

（三）建设项目对环境可能造成影响的分析、预测和评估；

（四）建设项目环境保护措施及其技术、经济论证；

（五）建设项目对环境影响的经济损益分析；

（六）对建设项目实施环境监测的建议；

（七）环境影响评价的结论。

环境影响报告表和环境影响登记表的内容和格式，由国务院生态环境主管部门制定。

第十八条 建设项目的环境影响评价，应当避免与规划的环境影响评价相重复。

作为一项整体建设项目的规划，按照建设项目进行环境影响评价，不进行规划的环境影响评价。

已经进行了环境影响评价的规划包含具体建设项目的，规划的环境影响评价结论应当作为建设项目环境影响评价的重要依据，建设项目环境影响评价的内容应当根据规划的环境影响评价审查意见予以简化。

第十九条 建设单位可以委托技术单位对其建设项目开展环境影响评价，编制建设项目环境影响报告书、环境影响报告表；建设单位具备环境影响评价技术能力的，可以自行对其建设项目开展环境影响评价，编制建设项目环境影响报告书、环境影响报告表。

编制建设项目环境影响报告书、环境影响报告表应当遵守国家有关环境影响评价标准、技术规范等规定。

国务院生态环境主管部门应当制定建设项目环境影响报告书、环境影响报告表编制的能力建设指南和监管办法。

接受委托为建设单位编制建设项目环境影响报告书、环境影响报告表的技术单位，不得与负责审批建设项目环境影响报告书、环境影响报告表的生态环境主管部门或者其他有关审批部门存在任何利益关系。

第二十条　建设单位应当对建设项目环境影响报告书、环境影响报告表的内容和结论负责，接受委托编制建设项目环境影响报告书、环境影响报告表的技术单位对其编制的建设项目环境影响报告书、环境影响报告表承担相应责任。

设区的市级以上人民政府生态环境主管部门应当加强对建设项目环境影响报告书、环境影响报告表编制单位的监督管理和质量考核。

负责审批建设项目环境影响报告书、环境影响报告表的生态环境主管部门应当将编制单位、编制主持人和主要编制人员的相关违法信息记入社会诚信档案，并纳入全国信用信息共享平台和国家企业信用信息公示系统向社会公布。

任何单位和个人不得为建设单位指定编制建设项目环境影响报告书、环境影响报告表的技术单位。

第二十一条　除国家规定需要保密的情形外，对环境可能造成重大影响、应当编制环境影响报告书的建设项目，建设单位应当在报批建设项目环境影响报告书前，举行论证会、听证会，或者采取其他形式，征求有关单位、专家和公众的意见。

建设单位报批的环境影响报告书应当附具对有关单位、专家和公众的意见采纳或者不采纳的说明。

第二十二条　建设项目的环境影响报告书、报告表，由建设单位按照国务院的规定报有审批权的生态环境主管部门审批。

海洋工程建设项目的海洋环境影响报告书的审批，依照《中华人民共和国海洋环境保护法》的规定办理。

审批部门应当自收到环境影响报告书之日起六十日内，收到环境影响报告表之日起三十日内，分别作出审批决定并书面通知建设单位。

国家对环境影响登记表实行备案管理。

审核、审批建设项目环境影响报告书、报告表以及备案环境影响登记表，不得收取任何费用。

第二十三条 国务院生态环境主管部门负责审批下列建设项目的环境影响评价文件：

（一）核设施、绝密工程等特殊性质的建设项目；

（二）跨省、自治区、直辖市行政区域的建设项目；

（三）由国务院审批的或者由国务院授权有关部门审批的建设项目。

前款规定以外的建设项目的环境影响评价文件的审批权限，由省、自治区、直辖市人民政府规定。

建设项目可能造成跨行政区域的不良环境影响，有关生态环境主管部门对该项目的环境影响评价结论有争议的，其环境影响评价文件由共同的上一级生态环境主管部门审批。

第二十四条 建设项目的环境影响评价文件经批准后，建设项目的性质、规模、地点、采用的生产工艺或者防治污染、防止生态破坏的措施发生重大变动的，建设单位应当重新报批建设项目的环境影响评价文件。

建设项目的环境影响评价文件自批准之日起超过五年，方决定该项目开工建设的，其环境影响评价文件应当报原审批部门重新审核；原审批部门应当自收到建设项目环境影响评价文件之日起十日内，将审核意见书面通知建设单位。

第二十五条 建设项目的环境影响评价文件未依法经审批部门审查或者审查后未予批准的，建设单位不得开工建设。

第二十六条 建设项目建设过程中，建设单位应当同时实施环境影响报告书、环境影响报告表以及环境影响评价文件审批部门审批意见中提出的环境保护对策措施。

第二十七条 在项目建设、运行过程中产生不符合经审批的环境影响评价文件的情形的，建设单位应当组织环境影响的后评价，采取改进措施,并报原环境影响评价文件审批部门和建设项目审批部门备案;原环境影响评价文件审批部门也可以责成建设单位进行环境影响的后评价,采取改进措施。

第二十八条 生态环境主管部门应当对建设项目投入生产或者使用后所产生的环境影响进行跟踪检查,对造成严重环境污染或者生态破坏的,应当查清原因、查明责任。对属于建设项目环境影响报告书、环境影响报告表存在基础资料明显不实,内容存在重大缺陷、遗漏或者虚假,环境影响评价结论不正确或者不合理等严重质量问题的,依照本法第三十二条的规定追究建设单位及其相关责任人员和接受委托编制建设项目环境影响报告书、环境影响报告表的技术单位及其相关人员的法律责任;属于审批部门工作人员失职、渎职,对依法不应批准的建设项目环境影响报告书、环境影响报告表予以批准的,依照本法第三十四条的规定追究其法律责任。

第四章 法律责任

第二十九条 规划编制机关违反本法规定,未组织环境影响评价,或者组织环境影响评价时弄虚作假或者有失职行为,造成环境影响评价严重失实的,对直接负责的主管人员和其他直接责任人员,由上级机关或者监察机关依法给予行政处分。

第三十条 规划审批机关对依法应当编写有关环境影响的篇章或者说明而未编写的规划草案,依法应当附送环境影响报告书而未附送的专项规划草案,违法予以批准的,对直接负责的主管人员和其他直接责任人员,由上级机关或者监察机关依法给予行政处分。

第三十一条 建设单位未依法报批建设项目环境影响报告书、报告表,或者未依照本法第二十四条的规定重新报批或者报请重新审核环境影响报告书、报告表,擅自开工建设的,由县级以上生态环境主管部门责令停止建设,根据违法情节和危害后果,处建设项目总投资额百分之一以上百分之五以下的罚款,并可以责令恢复原状；对建设单位直接负责的主管人员和其他直接责任人员，依法给予行政处分。

建设项目环境影响报告书、报告表未经批准或者未经原审批部门重新审核同意，建设单位擅自开工建设的，依照前款的规定处罚、处分。

建设单位未依法备案建设项目环境影响登记表的，由县级以上生态环境主管部门责令备案，处五万元以下的罚款。

海洋工程建设项目的建设单位有本条所列违法行为的，依照《中华人民共和国海洋环境保护法》的规定处罚。

第三十二条　建设项目环境影响报告书、环境影响报告表存在基础资料明显不实，内容存在重大缺陷、遗漏或者虚假，环境影响评价结论不正确或者不合理等严重质量问题的，由设区的市级以上人民政府生态环境主管部门对建设单位处五十万元以上二百万元以下的罚款，并对建设单位的法定代表人、主要负责人、直接负责的主管人员和其他直接责任人员，处五万元以上二十万元以下的罚款。

接受委托编制建设项目环境影响报告书、环境影响报告表的技术单位违反国家有关环境影响评价标准和技术规范等规定，致使其编制的建设项目环境影响报告书、环境影响报告表存在基础资料明显不实，内容存在重大缺陷、遗漏或者虚假，环境影响评价结论不正确或者不合理等严重质量问题的，由设区的市级以上人民政府生态环境主管部门对技术单位处所收费用三倍以上五倍以下的罚款；情节严重的，禁止从事环境影响报告书、环境影响报告表编制工作；有违法所得的，没收违法所得。

编制单位有本条第一款、第二款规定的违法行为的，编制主持人和主要编制人员五年内禁止从事环境影响报告书、环境影响报告表编制工作；构成犯罪的，依法追究刑事责任，并终身禁止从事环境影响报告书、环境影响报告表编制工作。

第三十三条　负责审核、审批、备案建设项目环境影响评价文件的部门在审批、备案中收取费用的，由其上级机关或者监察机关责令退还；情节严重的，对直接负责的主管人员和其他直接责任人员依法给予行政处分。

第三十四条 生态环境主管部门或者其他部门的工作人员徇私舞弊，滥用职权，玩忽职守，违法批准建设项目环境影响评价文件的，依法给予行政处分；构成犯罪的，依法追究刑事责任。

第五章 附 则

第三十五条 省、自治区、直辖市人民政府可以根据本地的实际情况，要求对本辖区的县级人民政府编制的规划进行环境影响评价。具体办法由省、自治区、直辖市参照本法第二章的规定制定。

第三十六条 军事设施建设项目的环境影响评价办法，由中央军事委员会依照本法的原则制定。

第三十七条 本法自 2003 年 9 月 1 日起施行。

中华人民共和国深海海底区域
资源勘探开发法（节选）

（2016年2月26日第十二届全国人民代表大会
常务委员会第十九次会议通过）

第一章 总 则

第一条 为了规范深海海底区域资源勘探、开发活动，推进深海科学技术研究、资源调查，保护海洋环境，促进深海海底区域资源可持续利用，维护人类共同利益，制定本法。

第二条 中华人民共和国的公民、法人或者其他组织从事深海海底区域资源勘探、开发和相关环境保护、科学技术研究、资源调查活动，适用本法。

本法所称深海海底区域，是指中华人民共和国和其他国家管辖范围以外的海床、洋底及其底土。

第三条 深海海底区域资源勘探、开发活动应当坚持和平利用、合作共享、保护环境、维护人类共同利益的原则。

国家保护从事深海海底区域资源勘探、开发和资源调查活动的中华人民共和国公民、法人或者其他组织的正当权益。

第四条 国家制定有关深海海底区域资源勘探、开发规划，并采取经济、技术政策和措施，鼓励深海科学技术研究和资源调查，提升资源勘探、开发和海洋环境保护的能力。

第五条 国务院海洋主管部门负责对深海海底区域资源勘探、开发和资源调查活动的监督管理。国务院其他有关部门按照国务院规定的职责负责相关管理工作。

第六条 国家鼓励和支持在深海海底区域资源勘探、开发和相关环境保护、资源调查、科学技术研究和教育培训等方面，开展国际合作。

第三章 环境保护

第十二条 承包者应当在合理、可行的范围内，利用可获得的先进技术，采取必要措施，防止、减少、控制勘探、开发区域内的活动对海洋环境造成的污染和其他危害。

第十三条 承包者应当按照勘探、开发合同的约定和要求、国务院海洋主管部门规定，调查研究勘探、开发区域的海洋状况，确定环境基线，评估勘探、开发活动可能对海洋环境的影响；制定和执行环境监测方案，监测勘探、开发活动对勘探、开发区域海洋环境的影响，并保证监测设备正常运行，保存原始监测记录。

第十四条 承包者从事勘探、开发活动应当采取必要措施，保护和保全稀有或者脆弱的生态系统，以及衰竭、受威胁或者有灭绝危险的物种和其他海洋生物的生存环境，保护海洋生物多样性，维护海洋资源的可持续利用。

中华人民共和国海岛保护法

(2009年12月26日第十一届全国人民代表大会
常务委员会第十二次会议通过)

目　　录

第一章　总　　则
第二章　海岛保护规划
第三章　海岛的保护
　第一节　一般规定
　第二节　有居民海岛生态系统的保护
　第三节　无居民海岛的保护
　第四节　特殊用途海岛的保护
第四章　监督检查
第五章　法律责任
第六章　附　　则

第一章　总　　则

第一条　为了保护海岛及其周边海域生态系统，合理开发利用海岛自然资源，维护国家海洋权益，促进经济社会可持续发展，制定本法。

第二条　从事中华人民共和国所属海岛的保护、开发利用及相关管理活动，适用本法。

本法所称海岛，是指四面环海水并在高潮时高于水面的自然形成的陆地区域，包括有居民海岛和无居民海岛。

本法所称海岛保护，是指海岛及其周边海域生态系统保护、无居民海岛自然资源保护和特殊用途海岛保护。

第三条 国家对海岛实行科学规划、保护优先、合理开发、永续利用的原则。

国务院和沿海地方各级人民政府应当将海岛保护和合理开发利用纳入国民经济和社会发展规划，采取有效措施，加强对海岛的保护和管理，防止海岛及其周边海域生态系统遭受破坏。

第四条 无居民海岛属于国家所有，国务院代表国家行使无居民海岛所有权。

第五条 国务院海洋主管部门和国务院其他有关部门依照法律和国务院规定的职责分工，负责全国有居民海岛及其周边海域生态保护工作。沿海县级以上地方人民政府海洋主管部门和其他有关部门按照各自的职责，负责本行政区域内有居民海岛及其周边海域生态保护工作。

国务院海洋主管部门负责全国无居民海岛保护和开发利用的管理工作。沿海县级以上地方人民政府海洋主管部门负责本行政区域内无居民海岛保护和开发利用管理的有关工作。

第六条 海岛的名称，由国家地名管理机构和国务院海洋主管部门按照国务院有关规定确定和发布。

沿海县级以上地方人民政府应当按照国家规定，在需要设置海岛名称标志的海岛设置海岛名称标志。

禁止损毁或者擅自移动海岛名称标志。

第七条 国务院和沿海地方各级人民政府应当加强对海岛保护的宣传教育工作，增强公民的海岛保护意识，并对在海岛保护以及有关科学研究工作中做出显著成绩的单位和个人予以奖励。

任何单位和个人都有遵守海岛保护法律的义务，并有权向海洋主管部门或者其他有关部门举报违反海岛保护法律、破坏海岛生态的行为。

第二章　海岛保护规划

第八条　国家实行海岛保护规划制度。海岛保护规划是从事海岛保护、利用活动的依据。

制定海岛保护规划应当遵循有利于保护和改善海岛及其周边海域生态系统，促进海岛经济社会可持续发展的原则。

海岛保护规划报送审批前，应当征求有关专家和公众的意见，经批准后应当及时向社会公布。但是，涉及国家秘密的除外。

第九条　国务院海洋主管部门会同本级人民政府有关部门、军事机关，依据国民经济和社会发展规划、全国海洋功能区划，组织编制全国海岛保护规划，报国务院审批。

全国海岛保护规划应当按照海岛的区位、自然资源、环境等自然属性及保护、利用状况，确定海岛分类保护的原则和可利用的无居民海岛，以及需要重点修复的海岛等。

全国海岛保护规划应当与全国城镇体系规划和全国土地利用总体规划相衔接。

第十条　沿海省、自治区人民政府海洋主管部门会同本级人民政府有关部门、军事机关，依据全国海岛保护规划、省域城镇体系规划和省、自治区土地利用总体规划，组织编制省域海岛保护规划，报省、自治区人民政府审批，并报国务院备案。

沿海直辖市人民政府组织编制的城市总体规划，应当包括本行政区域内海岛保护专项规划。

省域海岛保护规划和直辖市海岛保护专项规划，应当规定海岛分类保护的具体措施。

第十一条　省、自治区人民政府根据实际情况，可以要求本行政区域内的沿海城市、县、镇人民政府组织编制海岛保护专项规划，并纳入城市总体规划、镇总体规划；可以要求沿海县人民政府组织编制县域海岛保护规划。

沿海城市、镇海岛保护专项规划和县域海岛保护规划，应当符合全国海岛保护规划和省域海岛保护规划。

编制沿海城市、镇海岛保护专项规划，应当征求上一级人民政府海洋主管部门的意见。

县域海岛保护规划报省、自治区人民政府审批，并报国务院海洋主管部门备案。

第十二条 沿海县级人民政府可以组织编制全国海岛保护规划确定的可利用无居民海岛的保护和利用规划。

第十三条 修改海岛保护规划，应当依照本法第九条、第十条、第十一条规定的审批程序报经批准。

第十四条 国家建立完善海岛统计调查制度。国务院海洋主管部门会同有关部门拟定海岛综合统计调查计划，依法经批准后组织实施，并发布海岛统计调查公报。

第十五条 国家建立海岛管理信息系统，开展海岛自然资源的调查评估，对海岛的保护与利用等状况实施监视、监测。

第三章　海岛的保护

第一节　一般规定

第十六条 国务院和沿海地方各级人民政府应当采取措施，保护海岛的自然资源、自然景观以及历史、人文遗迹。

禁止改变自然保护区内海岛的海岸线。禁止采挖、破坏珊瑚和珊瑚礁。禁止砍伐海岛周边海域的红树林。

第十七条 国家保护海岛植被，促进海岛淡水资源的涵养；支持有居民海岛淡水储存、海水淡化和岛外淡水引入工程设施的建设。

第十八条 国家支持利用海岛开展科学研究活动。在海岛从事科学研究活动不得造成海岛及其周边海域生态系统破坏。

第十九条 国家开展海岛物种登记，依法保护和管理海岛生物物种。

第二十条 国家支持在海岛建立可再生能源开发利用、生态建设等实验基地。

第二十一条 国家安排海岛保护专项资金，用于海岛的保护、生态修复和科学研究活动。

第二十二条 国家保护设置在海岛的军事设施，禁止破坏、危害军事设施的行为。

国家保护依法设置在海岛的助航导航、测量、气象观测、海洋监测和地震监测等公益设施，禁止损毁或者擅自移动，妨碍其正常使用。

第二节 有居民海岛生态系统的保护

第二十三条 有居民海岛的开发、建设应当遵守有关城乡规划、环境保护、土地管理、海域使用管理、水资源和森林保护等法律、法规的规定，保护海岛及其周边海域生态系统。

第二十四条 有居民海岛的开发、建设应当对海岛土地资源、水资源及能源状况进行调查评估，依法进行环境影响评价。海岛的开发、建设不得超出海岛的环境容量。新建、改建、扩建建设项目，必须符合海岛主要污染物排放、建设用地和用水总量控制指标的要求。

有居民海岛的开发、建设应当优先采用风能、海洋能、太阳能等可再生能源和雨水集蓄、海水淡化、污水再生利用等技术。

有居民海岛及其周边海域应当划定禁止开发、限制开发区域，并采取措施保护海岛生物栖息地，防止海岛植被退化和生物多样性降低。

第二十五条 在有居民海岛进行工程建设，应当坚持先规划后建设、生态保护设施优先建设或者与工程项目同步建设的原则。

进行工程建设造成生态破坏的，应当负责修复；无力修复的，由县级以上人民政府责令停止建设，并可以指定有关部门组织修复，修复费用由造成生态破坏的单位、个人承担。

第二十六条　严格限制在有居民海岛沙滩建造建筑物或者设施；确需建造的，应当依照有关城乡规划、土地管理、环境保护等法律、法规的规定执行。未经依法批准在有居民海岛沙滩建造的建筑物或者设施，对海岛及其周边海域生态系统造成严重破坏的，应当依法拆除。

严格限制在有居民海岛沙滩采挖海砂；确需采挖的，应当依照有关海域使用管理、矿产资源的法律、法规的规定执行。

第二十七条　严格限制填海、围海等改变有居民海岛海岸线的行为，严格限制填海连岛工程建设；确需填海、围海改变海岛海岸线，或者填海连岛的，项目申请人应当提交项目论证报告、经批准的环境影响评价报告等申请文件，依照《中华人民共和国海域使用管理法》的规定报经批准。

本法施行前在有居民海岛建设的填海连岛工程，对海岛及其周边海域生态系统造成严重破坏的，由海岛所在省、自治区、直辖市人民政府海洋主管部门会同本级人民政府有关部门制定生态修复方案，报本级人民政府批准后组织实施。

第三节　无居民海岛的保护

第二十八条　未经批准利用的无居民海岛，应当维持现状；禁止采石、挖海砂、采伐林木以及进行生产、建设、旅游等活动。

第二十九条　严格限制在无居民海岛采集生物和非生物样本；因教学、科学研究确需采集的，应当报经海岛所在县级以上地方人民政府海洋主管部门批准。

第三十条　从事全国海岛保护规划确定的可利用无居民海岛的开发利用活动，应当遵守可利用无居民海岛保护和利用规划，采取严格的生态保护措施，避免造成海岛及其周边海域生态系统破坏。

开发利用前款规定的可利用无居民海岛，应当向省、自治区、直辖市人民政府海洋主管部门提出申请，并提交项目论证报告、开发利用具体方案等申请文件,由海洋主管部门组织有关部门和专家审查,提出审查意见,报省、自治区、直辖市人民政府审批。

无居民海岛的开发利用涉及利用特殊用途海岛,或者确需填海连岛以及其他严重改变海岛自然地形、地貌的,由国务院审批。

无居民海岛开发利用审查批准的具体办法,由国务院规定。

第三十一条 经批准开发利用无居民海岛的,应当依法缴纳使用金。但是,因国防、公务、教学、防灾减灾、非经营性公用基础设施建设和基础测绘、气象观测等公益事业使用无居民海岛的除外。

无居民海岛使用金征收使用管理办法,由国务院财政部门会同国务院海洋主管部门规定。

第三十二条 经批准在可利用无居民海岛建造建筑物或者设施,应当按照可利用无居民海岛保护和利用规划限制建筑物、设施的建设总量、高度以及与海岸线的距离,使其与周围植被和景观相协调。

第三十三条 无居民海岛利用过程中产生的废水,应当按照规定进行处理和排放。

无居民海岛利用过程中产生的固体废物,应当按照规定进行无害化处理、处置,禁止在无居民海岛弃置或者向其周边海域倾倒。

第三十四条 临时性利用无居民海岛的,不得在所利用的海岛建造永久性建筑物或者设施。

第三十五条 在依法确定为开展旅游活动的可利用无居民海岛及其周边海域,不得建造居民定居场所,不得从事生产性养殖活动;已经存在生产性养殖活动的,应当在编制可利用无居民海岛保护和利用规划中确定相应的污染防治措施。

第四节 特殊用途海岛的保护

第三十六条 国家对领海基点所在海岛、国防用途海岛、海洋自然保护区内的海岛等具有特殊用途或者特殊保护价值的海岛,实行特别保护。

第三十七条 领海基点所在的海岛,应当由海岛所在省、自治区、直辖市人民政府划定保护范围,报国务院海洋主管部门备案。领海基点及其保护范围周边应当设置明显标志。

禁止在领海基点保护范围内进行工程建设以及其他可能改变该区域地形、地貌的活动。确需进行以保护领海基点为目的的工程建设的,应当经过科学论证,报国务院海洋主管部门同意后依法办理审批手续。

禁止损毁或者擅自移动领海基点标志。

县级以上人民政府海洋主管部门应当按照国家规定,对领海基点所在海岛及其周边海域生态系统实施监视、监测。

任何单位和个人都有保护海岛领海基点的义务。发现领海基点以及领海基点保护范围内的地形、地貌受到破坏的,应当及时向当地人民政府或者海洋主管部门报告。

第三十八条 禁止破坏国防用途无居民海岛的自然地形、地貌和有居民海岛国防用途区域及其周边的地形、地貌。

禁止将国防用途无居民海岛用于与国防无关的目的。国防用途终止时,经军事机关批准后,应当将海岛及其有关生态保护的资料等一并移交该海岛所在省、自治区、直辖市人民政府。

第三十九条 国务院、国务院有关部门和沿海省、自治区、直辖市人民政府,根据海岛自然资源、自然景观以及历史、人文遗迹保护的需要,对具有特殊保护价值的海岛及其周边海域,依法批准设立海洋自然保护区或者海洋特别保护区。

第四章 监督检查

第四十条 县级以上人民政府有关部门应当依法对有居民海岛保护和开发、建设进行监督检查。

第四十一条 海洋主管部门应当依法对无居民海岛保护和合理利用情况进行监督检查。

海洋主管部门及其海监机构依法对海岛周边海域生态系统保护

情况进行监督检查。

第四十二条 海洋主管部门依法履行监督检查职责,有权要求被检查单位和个人就海岛利用的有关问题作出说明,提供海岛利用的有关文件和资料;有权进入被检查单位和个人所利用的海岛实施现场检查。

检查人员在履行检查职责时,应当出示有效的执法证件。有关单位和个人对检查工作应当予以配合,如实反映情况,提供有关文件和资料等;不得拒绝或者阻碍检查工作。

第四十三条 检查人员必须忠于职守、秉公执法、清正廉洁、文明服务,并依法接受监督。在依法查处违反本法规定的行为时,发现国家机关工作人员有违法行为应当给予处分的,应当向其任免机关或者监察机关提出处分建议。

第五章 法律责任

第四十四条 海洋主管部门或者其他对海岛保护负有监督管理职责的部门,发现违法行为或者接到对违法行为的举报后不依法予以查处,或者有其他未依照本法规定履行职责的行为的,由本级人民政府或者上一级人民政府有关主管部门责令改正,对直接负责的主管人员和其他直接责任人员依法给予处分。

第四十五条 违反本法规定,改变自然保护区内海岛的海岸线,填海、围海改变海岛海岸线,或者进行填海连岛的,依照《中华人民共和国海域使用管理法》的规定处罚。

第四十六条 违反本法规定,采挖、破坏珊瑚、珊瑚礁,或者砍伐海岛周边海域红树林的,依照《中华人民共和国海洋环境保护法》的规定处罚。

第四十七条 违反本法规定,在无居民海岛采石、挖海砂、采伐林木或者采集生物、非生物样本的,由县级以上人民政府海洋主管部门责令停止违法行为,没收违法所得,可以并处二万元以下的罚款。

违反本法规定，在无居民海岛进行生产、建设活动或者组织开展旅游活动的，由县级以上人民政府海洋主管部门责令停止违法行为，没收违法所得，并处二万元以上二十万元以下的罚款。

第四十八条 违反本法规定，进行严重改变无居民海岛自然地形、地貌的活动的，由县级以上人民政府海洋主管部门责令停止违法行为，处以五万元以上五十万元以下的罚款。

第四十九条 在海岛及其周边海域违法排放污染物的，依照有关环境保护法律的规定处罚。

第五十条 违反本法规定，在领海基点保护范围内进行工程建设或者其他可能改变该区域地形、地貌活动，在临时性利用的无居民海岛建造永久性建筑物或者设施，或者在依法确定为开展旅游活动的可利用无居民海岛建造居民定居场所的，由县级以上人民政府海洋主管部门责令停止违法行为，处以二万元以上二十万元以下的罚款。

第五十一条 损毁或者擅自移动领海基点标志的，依法给予治安管理处罚。

第五十二条 破坏、危害设置在海岛的军事设施，或者损毁、擅自移动设置在海岛的助航导航、测量、气象观测、海洋监测和地震监测等公益设施的，依照有关法律、行政法规的规定处罚。

第五十三条 无权批准开发利用无居民海岛而批准，超越批准权限批准开发利用无居民海岛，或者违反海岛保护规划批准开发利用无居民海岛的，批准文件无效；对直接负责的主管人员和其他直接责任人员依法给予处分。

第五十四条 违反本法规定，拒绝海洋主管部门监督检查，在接受监督检查时弄虚作假，或者不提供有关文件和资料的，由县级以上人民政府海洋主管部门责令改正，可以处二万元以下的罚款。

第五十五条 违反本法规定，构成犯罪的，依法追究刑事责任。
造成海岛及其周边海域生态系统破坏的，依法承担民事责任。

第六章 附 则

第五十六条 低潮高地的保护及相关管理活动，比照本法有关规定执行。

第五十七条 本法中下列用语的含义：

（一）海岛及其周边海域生态系统，是指由维持海岛存在的岛体、海岸线、沙滩、植被、淡水和周边海域等生物群落和非生物环境组成的有机复合体。

（二）无居民海岛，是指不属于居民户籍管理的住址登记地的海岛。

（三）低潮高地，是指在低潮时四面环海水并高于水面但在高潮时没入水中的自然形成的陆地区域。

（四）填海连岛，是指通过填海造地等方式将海岛与陆地或者海岛与海岛连接起来的行为。

（五）临时性利用无居民海岛，是指因公务、教学、科学调查、救灾、避险等需要而短期登临、停靠无居民海岛的行为。

第五十八条 本法自2010年3月1日起施行。

中华人民共和国海域使用管理法

(2001年10月27日第九届全国人民代表大会常务委员会第二十四次会议通过)

目 录

第一章 总 则
第二章 海洋功能区划
第三章 海域使用的申请与审批
第四章 海域使用权
第五章 海域使用金
第六章 监督检查
第七章 法律责任
第八章 附 则

第一章 总 则

第一条 为了加强海域使用管理，维护国家海域所有权和海域使用权人的合法权益，促进海域的合理开发和可持续利用，制定本法。

第二条 本法所称海域，是指中华人民共和国内水、领海的水面、水体、海床和底土。

本法所称内水，是指中华人民共和国领海基线向陆地一侧至海岸线的海域。

在中华人民共和国内水、领海持续使用特定海域三个月以上的排他性用海活动,适用本法。

第三条 海域属于国家所有,国务院代表国家行使海域所有权。任何单位或者个人不得侵占、买卖或者以其他形式非法转让海域。

单位和个人使用海域,必须依法取得海域使用权。

第四条 国家实行海洋功能区划制度。海域使用必须符合海洋功能区划。

国家严格管理填海、围海等改变海域自然属性的用海活动。

第五条 国家建立海域使用管理信息系统,对海域使用状况实施监视、监测。

第六条 国家建立海域使用权登记制度,依法登记的海域使用权受法律保护。

国家建立海域使用统计制度,定期发布海域使用统计资料。

第七条 国务院海洋行政主管部门负责全国海域使用的监督管理。沿海县级以上地方人民政府海洋行政主管部门根据授权,负责本行政区毗邻海域使用的监督管理。

渔业行政主管部门依照《中华人民共和国渔业法》,对海洋渔业实施监督管理。

海事管理机构依照《中华人民共和国海上交通安全法》,对海上交通安全实施监督管理。

第八条 任何单位和个人都有遵守海域使用管理法律、法规的义务,并有权对违反海域使用管理法律、法规的行为提出检举和控告。

第九条 在保护和合理利用海域以及进行有关的科学研究等方面成绩显著的单位和个人,由人民政府给予奖励。

第二章 海洋功能区划

第十条 国务院海洋行政主管部门会同国务院有关部门和沿海省、自治区、直辖市人民政府,编制全国海洋功能区划。

沿海县级以上地方人民政府海洋行政主管部门会同本级人民政府有关部门，依据上一级海洋功能区划，编制地方海洋功能区划。

第十一条 海洋功能区划按照下列原则编制：

（一）按照海域的区位、自然资源和自然环境等自然属性，科学确定海域功能；

（二）根据经济和社会发展的需要，统筹安排各有关行业用海；

（三）保护和改善生态环境，保障海域可持续利用，促进海洋经济的发展；

（四）保障海上交通安全；

（五）保障国防安全，保证军事用海需要。

第十二条 海洋功能区划实行分级审批。

全国海洋功能区划，报国务院批准。

沿海省、自治区、直辖市海洋功能区划，经该省、自治区、直辖市人民政府审核同意后，报国务院批准。

沿海市、县海洋功能区划，经该市、县人民政府审核同意后，报所在的省、自治区、直辖市人民政府批准，报国务院海洋行政主管部门备案。

第十三条 海洋功能区划的修改，由原编制机关会同同级有关部门提出修改方案，报原批准机关批准；未经批准，不得改变海洋功能区划确定的海域功能。

经国务院批准，因公共利益、国防安全或者进行大型能源、交通等基础设施建设，需要改变海洋功能区划的，根据国务院的批准文件修改海洋功能区划。

第十四条 海洋功能区划经批准后，应当向社会公布；但是，涉及国家秘密的部分除外。

第十五条 养殖、盐业、交通、旅游等行业规划涉及海域使用的，应当符合海洋功能区划。

沿海土地利用总体规划、城市规划、港口规划涉及海域使用的，应当与海洋功能区划衔接。

第三章　海域使用的申请与审批

第十六条　单位和个人可以向县级以上人民政府海洋行政主管部门申请使用海域。

申请使用海域的，申请人应当提交下列书面材料：

（一）海域使用申请书；

（二）海域使用论证材料；

（三）相关的资信证明材料；

（四）法律、法规规定的其他书面材料。

第十七条　县级以上人民政府海洋行政主管部门依据海洋功能区划，对海域使用申请进行审核，并依照本法和省、自治区、直辖市人民政府的规定，报有批准权的人民政府批准。

海洋行政主管部门审核海域使用申请，应当征求同级有关部门的意见。

第十八条　下列项目用海，应当报国务院审批：

（一）填海五十公顷以上的项目用海；

（二）围海一百公顷以上的项目用海；

（三）不改变海域自然属性的用海七百公顷以上的项目用海；

（四）国家重大建设项目用海；

（五）国务院规定的其他项目用海。

前款规定以外的项目用海的审批权限，由国务院授权省、自治区、直辖市人民政府规定。

第四章　海域使用权

第十九条　海域使用申请经依法批准后，国务院批准用海的，由国务院海洋行政主管部门登记造册，向海域使用申请人颁发海域使用权证书；地方人民政府批准用海的，由地方人民政府登记造册，向海域使用申请人颁发海域使用权证书。海域使用申请人自领取海域使用权证书之日起，取得海域使用权。

第二十条　海域使用权除依照本法第十九条规定的方式取得外，也可以通过招标或者拍卖的方式取得。招标或者拍卖方案由海洋行政主管部门制订，报有审批权的人民政府批准后组织实施。海洋行政主管部门制订招标或者拍卖方案，应当征求同级有关部门的意见。

招标或者拍卖工作完成后，依法向中标人或者买受人颁发海域使用权证书。中标人或者买受人自领取海域使用权证书之日起，取得海域使用权。

第二十一条　颁发海域使用权证书，应当向社会公告。

颁发海域使用权证书，除依法收取海域使用金外，不得收取其他费用。

海域使用权证书的发放和管理办法，由国务院规定。

第二十二条　本法施行前，已经由农村集体经济组织或者村民委员会经营、管理的养殖用海，符合海洋功能区划的，经当地县级人民政府核准，可以将海域使用权确定给该农村集体经济组织或者村民委员会，由本集体经济组织的成员承包，用于养殖生产。

第二十三条　海域使用权人依法使用海域并获得收益的权利受法律保护，任何单位和个人不得侵犯。

海域使用权人有依法保护和合理使用海域的义务；海域使用权人对不妨害其依法使用海域的非排他性用海活动，不得阻挠。

第二十四条　海域使用权人在使用海域期间，未经依法批准，不得从事海洋基础测绘。

海域使用权人发现所使用海域的自然资源和自然条件发生重大变化时，应当及时报告海洋行政主管部门。

第二十五条　海域使用权最高期限，按照下列用途确定：

（一）养殖用海十五年；

（二）拆船用海二十年；

（三）旅游、娱乐用海二十五年；

（四）盐业、矿业用海三十年；

（五）公益事业用海四十年；

（六）港口、修造船厂等建设工程用海五十年。

第二十六条 海域使用权期限届满，海域使用权人需要继续使用海域的，应当至迟于期限届满前二个月向原批准用海的人民政府申请续期。除根据公共利益或者国家安全需要收回海域使用权的外，原批准用海的人民政府应当批准续期。准予续期的，海域使用权人应当依法缴纳续期的海域使用金。

第二十七条 因企业合并、分立或者与他人合资、合作经营，变更海域使用权人的，需经原批准用海的人民政府批准。

海域使用权可以依法转让。海域使用权转让的具体办法，由国务院规定。

海域使用权可以依法继承。

第二十八条 海域使用权人不得擅自改变经批准的海域用途；确需改变的，应当在符合海洋功能区划的前提下，报原批准用海的人民政府批准。

第二十九条 海域使用权期满，未申请续期或者申请续期未获批准的，海域使用权终止。

海域使用权终止后，原海域使用权人应当拆除可能造成海洋环境污染或者影响其他用海项目的用海设施和构筑物。

第三十条 因公共利益或者国家安全的需要，原批准用海的人民政府可以依法收回海域使用权。

依照前款规定在海域使用权期满前提前收回海域使用权的，对海域使用权人应当给予相应的补偿。

第三十一条 因海域使用权发生争议，当事人协商解决不成的，由县级以上人民政府海洋行政主管部门调解；当事人也可以直接向人民法院提起诉讼。

在海域使用权争议解决前，任何一方不得改变海域使用现状。

第三十二条 填海项目竣工后形成的土地，属于国家所有。

海域使用权人应当自填海项目竣工之日起三个月内，凭海域使用权证书，向县级以上人民政府土地行政主管部门提出土地登记申请，由县级以上人民政府登记造册，换发国有土地使用权证书，确认土地使用权。

第五章　海域使用金

第三十三条　国家实行海域有偿使用制度。

单位和个人使用海域，应当按照国务院的规定缴纳海域使用金。海域使用金应当按照国务院的规定上缴财政。

对渔民使用海域从事养殖活动收取海域使用金的具体实施步骤和办法，由国务院另行规定。

第三十四条　根据不同的用海性质或者情形，海域使用金可以按照规定一次缴纳或者按年度逐年缴纳。

第三十五条　下列用海，免缴海域使用金：

（一）军事用海；

（二）公务船舶专用码头用海；

（三）非经营性的航道、锚地等交通基础设施用海；

（四）教学、科研、防灾减灾、海难搜救打捞等非经营性公益事业用海。

第三十六条　下列用海，按照国务院财政部门和国务院海洋行政主管部门的规定，经有批准权的人民政府财政部门和海洋行政主管部门审查批准，可以减缴或者免缴海域使用金：

（一）公用设施用海；

（二）国家重大建设项目用海；

（三）养殖用海。

第六章　监督检查

第三十七条　县级以上人民政府海洋行政主管部门应当加强对海域使用的监督检查。

县级以上人民政府财政部门应当加强对海域使用金缴纳情况的监督检查。

第三十八条　海洋行政主管部门应当加强队伍建设，提高海域使用管理监督检查人员的政治、业务素质。海域使用管理监督检查人员必须秉公执法，忠于职守，清正廉洁，文明服务，并依法接受监督。

海洋行政主管部门及其工作人员不得参与和从事与海域使用有关的生产经营活动。

第三十九条　县级以上人民政府海洋行政主管部门履行监督检查职责时，有权采取下列措施：

（一）要求被检查单位或者个人提供海域使用的有关文件和资料；

（二）要求被检查单位或者个人就海域使用的有关问题作出说明；

（三）进入被检查单位或者个人占用的海域现场进行勘查；

（四）责令当事人停止正在进行的违法行为。

第四十条　海域使用管理监督检查人员履行监督检查职责时，应当出示有效执法证件。

有关单位和个人对海洋行政主管部门的监督检查应当予以配合，不得拒绝、妨碍监督检查人员依法执行公务。

第四十一条　依照法律规定行使海洋监督管理权的有关部门在海上执法时应当密切配合，互相支持，共同维护国家海域所有权和海域使用权人的合法权益。

第七章　法律责任

第四十二条　未经批准或者骗取批准，非法占用海域的，责令退还非法占用的海域，恢复海域原状，没收违法所得，并处非法占用海域期间内该海域面积应缴纳的海域使用金五倍以上十五倍以下的罚款；对未经批准或者骗取批准，进行围海、填海活动的，并处非法占用海域期间内该海域面积应缴纳的海域使用金十倍以上二十倍以下的罚款。

第四十三条　无权批准使用海域的单位非法批准使用海域的，超越批准权限非法批准使用海域的，或者不按海洋功能区划批准使用海域的，批准文件无效，收回非法使用的海域；对非法批准使用海域的直接负责的主管人员和其他直接责任人员，依法给予行政处分。

第四十四条　违反本法第二十三条规定，阻挠、妨害海域使用权人依法使用海域的，海域使用权人可以请求海洋行政主管部门排除妨害，也可以依法向人民法院提起诉讼；造成损失的，可以依法请求损害赔偿。

第四十五条　违反本法第二十六条规定，海域使用权期满，未办理有关手续仍继续使用海域的，责令限期办理，可以并处一万元以下的罚款；拒不办理的，以非法占用海域论处。

第四十六条　违反本法第二十八条规定，擅自改变海域用途的，责令限期改正，没收违法所得，并处非法改变海域用途的期间内该海域面积应缴纳的海域使用金五倍以上十五倍以下的罚款；对拒不改正的，由颁发海域使用权证书的人民政府注销海域使用权证书，收回海域使用权。

第四十七条　违反本法第二十九条第二款规定，海域使用权终止，原海域使用权人不按规定拆除用海设施和构筑物的，责令限期拆除；逾期拒不拆除的，处五万元以下的罚款，并由县级以上人民政府海洋行政主管部门委托有关单位代为拆除，所需费用由原海域使用权人承担。

第四十八条 违反本法规定，按年度逐年缴纳海域使用金的海域使用权人不按期缴纳海域使用金的，限期缴纳；在限期内仍拒不缴纳的，由颁发海域使用权证书的人民政府注销海域使用权证书，收回海域使用权。

第四十九条 违反本法规定，拒不接受海洋行政主管部门监督检查、不如实反映情况或者不提供有关资料的，责令限期改正，给予警告，可以并处二万元以下的罚款。

第五十条 本法规定的行政处罚，由县级以上人民政府海洋行政主管部门依据职权决定。但是，本法已对处罚机关作出规定的除外。

第五十一条 国务院海洋行政主管部门和县级以上地方人民政府违反本法规定颁发海域使用权证书，或者颁发海域使用权证书后不进行监督管理，或者发现违法行为不予查处的，对直接负责的主管人员和其他直接责任人员，依法给予行政处分；徇私舞弊、滥用职权或者玩忽职守构成犯罪的，依法追究刑事责任。

第八章　附　　则

第五十二条 在中华人民共和国内水、领海使用特定海域不足三个月，可能对国防安全、海上交通安全和其他用海活动造成重大影响的排他性用海活动，参照本法有关规定办理临时海域使用证。

第五十三条 军事用海的管理办法，由国务院、中央军事委员会依据本法制定。

第五十四条 本法自2002年1月1日起施行。

最高人民法院
关于审理海洋自然资源与生态环境损害赔偿纠纷案件若干问题的规定

法释〔2017〕23号

(2017年11月20日最高人民法院审判委员会第1727次会议通过 2017年12月29日最高人民法院公告公布 自2018年1月15日起施行)

为正确审理海洋自然资源与生态环境损害赔偿纠纷案件，根据《中华人民共和国海洋环境保护法》《中华人民共和国民事诉讼法》《中华人民共和国海事诉讼特别程序法》等法律的规定，结合审判实践，制定本规定。

第一条 人民法院审理为请求赔偿海洋环境保护法第八十九条第二款规定的海洋自然资源与生态环境损害而提起的诉讼，适用本规定。

第二条 在海上或者沿海陆域内从事活动，对中华人民共和国管辖海域内海洋自然资源与生态环境造成损害，由此提起的海洋自然资源与生态环境损害赔偿诉讼，由损害行为发生地、损害结果地或者采取预防措施地海事法院管辖。

第三条 海洋环境保护法第五条规定的行使海洋环境监督管理权的机关，根据其职能分工提起海洋自然资源与生态环境损害赔偿诉讼，人民法院应予受理。

第四条 人民法院受理海洋自然资源与生态环境损害赔偿诉讼，应当在立案之日起五日内公告案件受理情况。

人民法院在审理中发现可能存在下列情形之一的，可以书面告知其他依法行使海洋环境监督管理权的机关：

（一）同一损害涉及不同区域或者不同部门；

（二）不同损害应由其他依法行使海洋环境监督管理权的机关索赔。

本规定所称不同损害，包括海洋自然资源与生态环境损害中不同种类和同种类但可以明确区分属不同机关索赔范围的损害。

第五条　在人民法院依照本规定第四条的规定发布公告之日起三十日内，或者书面告知之日起七日内，对同一损害有权提起诉讼的其他机关申请参加诉讼，经审查符合法定条件的，人民法院应当将其列为共同原告；逾期申请的，人民法院不予准许。裁判生效后另行起诉的，人民法院参照《最高人民法院关于审理环境民事公益诉讼案件适用法律若干问题的解释》第二十八条的规定处理。

对于不同损害，可以由各依法行使海洋环境监督管理权的机关分别提起诉讼；索赔人共同起诉或者在规定期限内申请参加诉讼的，人民法院依照民事诉讼法第五十二条第一款的规定决定是否按共同诉讼进行审理。

第六条　依法行使海洋环境监督管理权的机关请求造成海洋自然资源与生态环境损害的责任者承担停止侵害、排除妨碍、消除危险、恢复原状、赔礼道歉、赔偿损失等民事责任的，人民法院应当根据诉讼请求以及具体案情，合理判定责任者承担民事责任。

第七条　海洋自然资源与生态环境损失赔偿范围包括：

（一）预防措施费用，即为减轻或者防止海洋环境污染、生态恶化、自然资源减少所采取合理应急处置措施而发生的费用；

（二）恢复费用，即采取或者将要采取措施恢复或者部分恢复受损害海洋自然资源与生态环境功能所需费用；

（三）恢复期间损失，即受损害的海洋自然资源与生态环境功能部分或者完全恢复前的海洋自然资源损失、生态环境服务功能损失；

（四）调查评估费用，即调查、勘查、监测污染区域和评估污染等损害风险与实际损害所发生的费用。

第八条 恢复费用，限于现实修复实际发生和未来修复必然发生的合理费用，包括制定和实施修复方案和监测、监管产生的费用。

未来修复必然发生的合理费用和恢复期间损失，可以根据有资格的鉴定评估机构依据法律法规、国家主管部门颁布的鉴定评估技术规范作出的鉴定意见予以确定，但当事人有相反证据足以反驳的除外。

预防措施费用和调查评估费用，以实际发生和未来必然发生的合理费用计算。

责任者已经采取合理预防、恢复措施，其主张相应减少损失赔偿数额的，人民法院应予支持。

第九条 依照本规定第八条的规定难以确定恢复费用和恢复期间损失的，人民法院可以根据责任者因损害行为所获得的收益或者所减少支付的污染防治费用，合理确定损失赔偿数额。

前款规定的收益或者费用无法认定的，可以参照政府部门相关统计资料或者其他证据所证明的同区域同类生产经营者同期平均收入、同期平均污染防治费用，合理酌定。

第十条 人民法院判决责任者赔偿海洋自然资源与生态环境损失的，可以一并写明依法行使海洋环境监督管理权的机关受领赔款后向国库账户交纳。

发生法律效力的裁判需要采取强制执行措施的，应当移送执行。

第十一条 海洋自然资源与生态环境损害赔偿诉讼当事人达成调解协议或者自行达成和解协议的，人民法院依照《最高人民法院关于审理环境民事公益诉讼案件适用法律若干问题的解释》第二十五条的规定处理。

第十二条 人民法院审理海洋自然资源与生态环境损害赔偿纠纷案件，本规定没有规定的，适用《最高人民法院关于审理环境侵权责任纠纷案件适用法律若干问题的解释》《最高人民法院关于审理环境民事公益诉讼案件适用法律若干问题的解释》等相关司法解释的规定。

在海上或者沿海陆域内从事活动，对中华人民共和国管辖海域内海洋自然资源与生态环境形成损害威胁，人民法院审理由此引起的赔偿纠纷案件，参照适用本规定。

人民法院审理因船舶引起的海洋自然资源与生态环境损害赔偿纠纷案件，法律、行政法规、司法解释另有特别规定的，依照其规定。

第十三条 本规定自2018年1月15日起施行，人民法院尚未审结的一审、二审案件适用本规定；本规定施行前已经作出生效裁判的案件，本规定施行后依法再审的，不适用本规定。

本规定施行后，最高人民法院以前颁布的司法解释与本规定不一致的，以本规定为准。

最高人民法院关于审理船舶油污损害赔偿纠纷案件若干问题的规定

(2011年1月10日最高人民法院审判委员会第1509次会议通过 根据2020年12月23日最高人民法院审判委员会第1823次会议通过的《最高人民法院关于修改〈最高人民法院关于破产企业国有划拨土地使用权应否列入破产财产等问题的批复〉等二十九件商事类司法解释的决定》修正)

为正确审理船舶油污损害赔偿纠纷案件，依照《中华人民共和国民法典》《中华人民共和国海洋环境保护法》《中华人民共和国海商法》《中华人民共和国民事诉讼法》《中华人民共和国海事诉讼特别程序法》等法律法规以及中华人民共和国缔结或者参加的有关国际条约，结合审判实践，制定本规定。

第一条 船舶发生油污事故，对中华人民共和国领域和管辖的其他海域造成油污损害或者形成油污损害威胁，人民法院审理相关船舶油污损害赔偿纠纷案件，适用本规定。

第二条 当事人就油轮装载持久性油类造成的油污损害提起诉讼、申请设立油污损害赔偿责任限制基金，由船舶油污事故发生地海事法院管辖。

油轮装载持久性油类引起的船舶油污事故，发生在中华人民共和国领域和管辖的其他海域外，对中华人民共和国领域和管辖的其他海域造成油污损害或者形成油污损害威胁，当事人就船舶油污事故造成的损害提起诉讼、申请设立油污损害赔偿责任限制基金，由油污损害结果地或者采取预防油污措施地海事法院管辖。

第三条 两艘或者两艘以上船舶泄漏油类造成油污损害，受损害人请求各泄漏油船舶所有人承担赔偿责任，按照泄漏油数量及泄漏油类对环境的危害性等因素能够合理分开各自造成的损害，由各泄漏油船舶所有人分别承担责任；不能合理分开各自造成的损害，各泄漏油船舶所有人承担连带责任。但泄漏油船舶所有人依法免予承担责任的除外。

各泄漏油船舶所有人对受损害人承担连带责任的，相互之间根据各自责任大小确定相应的赔偿数额；难以确定责任大小的，平均承担赔偿责任。泄漏油船舶所有人支付超出自己应赔偿的数额，有权向其他泄漏油船舶所有人追偿。

第四条 船舶互有过失碰撞引起油类泄漏造成油污损害的，受损害人可以请求泄漏油船舶所有人承担全部赔偿责任。

第五条 油轮装载的持久性油类造成油污损害的，应依照《防治船舶污染海洋环境管理条例》《1992年国际油污损害民事责任公约》的规定确定赔偿限额。

油轮装载的非持久性燃油或者非油轮装载的燃油造成油污损害的，应依照海商法关于海事赔偿责任限制的规定确定赔偿限额。

第六条 经证明油污损害是由于船舶所有人的故意或者明知可能造成此种损害而轻率地作为或者不作为造成的，船舶所有人主张限制赔偿责任，人民法院不予支持。

第七条 油污损害是由于船舶所有人故意造成的，受损害人请求船舶油污损害责任保险人或者财务保证人赔偿，人民法院不予支持。

第八条 受损害人直接向船舶油污损害责任保险人或者财务保证人提起诉讼，船舶油污损害责任保险人或者财务保证人可以对受损害人主张船舶所有人的抗辩。

除船舶所有人故意造成油污损害外，船舶油污损害责任保险人或者财务保证人向受损害人主张其对船舶所有人的抗辩，人民法院不予支持。

第九条 船舶油污损害赔偿范围包括：

（一）为防止或者减轻船舶油污损害采取预防措施所发生的费用，以及预防措施造成的进一步灭失或者损害；

（二）船舶油污事故造成该船舶之外的财产损害以及由此引起的收入损失；

（三）因油污造成环境损害所引起的收入损失；

（四）对受污染的环境已采取或将要采取合理恢复措施的费用。

第十条 对预防措施费用以及预防措施造成的进一步灭失或者损害，人民法院应当结合污染范围、污染程度、油类泄漏量、预防措施的合理性、参与清除油污人员及投入使用设备的费用等因素合理认定。

第十一条 对遇险船舶实施防污措施，作业开始时的主要目的仅是为防止、减轻油污损害的，所发生的费用应认定为预防措施费用。

作业具有救助遇险船舶、其他财产和防止、减轻油污损害的双重目的，应根据目的的主次比例合理划分预防措施费用与救助措施费用；无合理依据区分主次目的的，相关费用应平均分摊。但污染危险消除后发生的费用不应列为预防措施费用。

第十二条 船舶泄漏油类污染其他船舶、渔具、养殖设施等财产，受损害人请求油污责任人赔偿因清洗、修复受污染财产支付的合理费用，人民法院应予支持。

受污染财产无法清洗、修复，或者清洗、修复成本超过其价值的，受损害人请求油污责任人赔偿合理的更换费用，人民法院应予支持，但应参照受污染财产实际使用年限与预期使用年限的比例作合理扣除。

第十三条 受损害人因其财产遭受船舶油污，不能正常生产经营的，其收入损失应以财产清洗、修复或者更换所需合理期间为限进行计算。

第十四条 海洋渔业、滨海旅游业及其他用海、临海经营单位或者个人请求因环境污染所遭受的收入损失，具备下列全部条件，由此证明收入损失与环境污染之间具有直接因果关系的，人民法院应予支持：

（一）请求人的生产经营活动位于或者接近污染区域；
（二）请求人的生产经营活动主要依赖受污染资源或者海岸线；
（三）请求人难以找到其他替代资源或者商业机会；
（四）请求人的生产经营业务属于当地相对稳定的产业。

第十五条 未经相关行政主管部门许可，受损害人从事海上养殖、海洋捕捞，主张收入损失的，人民法院不予支持；但请求赔偿清洗、修复、更换养殖或者捕捞设施的合理费用，人民法院应予支持。

第十六条 受损害人主张因其财产受污染或者因环境污染造成的收入损失，应以其前三年同期平均净收入扣减受损期间的实际净收入计算，并适当考虑影响收入的其他相关因素予以合理确定。

按照前款规定无法认定收入损失的，可以参考政府部门的相关统计数据和信息，或者同区域同类生产经营者的同期平均收入合理认定。

受损害人采取合理措施避免收入损失，请求赔偿合理措施的费用，人民法院应予支持，但以其避免发生的收入损失数额为限。

第十七条 船舶油污事故造成环境损害的，对环境损害的赔偿应限于已实际采取或者将要采取的合理恢复措施的费用。恢复措施的费用包括合理的监测、评估、研究费用。

第十八条 船舶取得有效的油污损害民事责任保险或者具有相应财务保证的，油污受损害人主张船舶优先权的，人民法院不予支持。

第十九条 对油轮装载的非持久性燃油、非油轮装载的燃油造成油污损害的赔偿请求，适用海商法关于海事赔偿责任限制的规定。

同一海事事故造成前款规定的油污损害和海商法第二百零七条规定的可以限制赔偿责任的其他损害，船舶所有人依照海商法第十一章的规定主张在同一赔偿限额内限制赔偿责任的，人民法院应予支持。

第二十条 为避免油轮装载的非持久性燃油、非油轮装载的燃油造成油污损害，对沉没、搁浅、遇难船舶采取起浮、清除或者使之无害措施，船舶所有人对由此发生的费用主张依照海商法第十一章的规定限制赔偿责任的，人民法院不予支持。

第二十一条 对油轮装载持久性油类造成的油污损害，船舶所有人，或者船舶油污责任保险人、财务保证人主张责任限制的，应当设立油污损害赔偿责任限制基金。

油污损害赔偿责任限制基金以现金方式设立的，基金数额为《防治船舶污染海洋环境管理条例》《1992年国际油污损害民事责任公约》规定的赔偿限额。以担保方式设立基金的，担保数额为基金数额及其在基金设立期间的利息。

第二十二条 船舶所有人、船舶油污损害责任保险人或者财务保证人申请设立油污损害赔偿责任限制基金，利害关系人对船舶所有人主张限制赔偿责任有异议的，应当在海事诉讼特别程序法第一百零六条第一款规定的异议期内以书面形式提出，但提出该异议不影响基金的设立。

第二十三条 对油轮装载持久性油类造成的油污损害，利害关系人没有在异议期内对船舶所有人主张限制赔偿责任提出异议，油污损害赔偿责任限制基金设立后，海事法院应当解除对船舶所有人的财产采取的保全措施或者发还为解除保全措施而提供的担保。

第二十四条 对油轮装载持久性油类造成的油污损害，利害关系人在异议期内对船舶所有人主张限制赔偿责任提出异议的，人民法院在认定船舶所有人有权限制赔偿责任的裁决生效后，应当解除对船舶所有人的财产采取的保全措施或者发还为解除保全措施而提供的担保。

第二十五条 对油轮装载持久性油类造成的油污损害，受损害人提起诉讼时主张船舶所有人无权限制赔偿责任的，海事法院对船舶所有人是否有权限制赔偿责任的争议,可以先行审理并作出判决。

第二十六条 对油轮装载持久性油类造成的油污损害,受损害人没有在规定的债权登记期间申请债权登记的,视为放弃在油污损害赔偿责任限制基金中受偿的权利。

第二十七条 油污损害赔偿责任限制基金不足以清偿有关油污损害的,应根据确认的赔偿数额依法按比例分配。

第二十八条 对油轮装载持久性油类造成的油污损害,船舶所有人、船舶油污损害责任保险人或者财务保证人申请设立油污损害赔偿责任限制基金、受损害人申请债权登记与受偿,本规定没有规定的,适用海事诉讼特别程序法及相关司法解释的规定。

第二十九条 在油污损害赔偿责任限制基金分配以前,船舶所有人、船舶油污损害责任保险人或者财务保证人,已先行赔付油污损害的,可以书面申请从基金中代位受偿。代位受偿应限于赔付的范围,并不超过接受赔付的人依法可获得的赔偿数额。

海事法院受理代位受偿申请后,应书面通知所有对油污损害赔偿责任限制基金提出主张的利害关系人。利害关系人对申请人主张代位受偿的权利有异议的,应在收到通知之日起十五日内书面提出。

海事法院经审查认定申请人代位受偿权利成立,应裁定予以确认;申请人主张代位受偿的权利缺乏事实或者法律依据的,裁定驳回其申请。当事人对裁定不服的,可以在收到裁定书之日起十日内提起上诉。

第三十条 船舶所有人为主动防止、减轻油污损害而支出的合理费用或者所作的合理牺牲,请求参与油污损害赔偿责任限制基金分配的,人民法院应予支持,比照本规定第二十九条第二款、第三款的规定处理。

第三十一条 本规定中下列用语的含义是:

(一)船舶,是指非用于军事或者政府公务的海船和其他海上移动式装置,包括航行于国际航线和国内航线的油轮和非油轮。其中,油轮是指为运输散装持久性货油而建造或者改建的船舶,以及实际装载散装持久性货油的其他船舶。

（二）油类，是指烃类矿物油及其残余物，限于装载于船上作为货物运输的持久性货油、装载用于本船运行的持久性和非持久性燃油，不包括装载于船上作为货物运输的非持久性货油。

（三）船舶油污事故，是指船舶泄漏油类造成油污损害，或者虽未泄漏油类但形成严重和紧迫油污损害威胁的一个或者一系列事件。一系列事件因同一原因而发生的，视为同一事故。

（四）船舶油污损害责任保险人或者财务保证人，是指海事事故中泄漏油类或者直接形成油污损害威胁的船舶一方的油污责任保险人或者财务保证人。

（五）油污损害赔偿责任限制基金，是指船舶所有人、船舶油污损害责任保险人或者财务保证人，对油轮装载持久性油类造成的油污损害申请设立的赔偿责任限制基金。

第三十二条　本规定实施前本院发布的司法解释与本规定不一致的，以本规定为准。

本规定施行前已经终审的案件，人民法院进行再审时，不适用本规定。

中华人民共和国防治海岸工程建设项目污染损害海洋环境管理条例

(1990年6月25日中华人民共和国国务院令第62号公布 根据2007年9月25日《国务院关于修改〈中华人民共和国防治海岸工程建设项目污染损害海洋环境管理条例〉的决定》第一次修订 根据2017年3月1日《国务院关于修改和废止部分行政法规的决定》第二次修订 根据2018年3月19日《国务院关于修改和废止部分行政法规的决定》第三次修订)

第一条 为加强海岸工程建设项目的环境保护管理，严格控制新的污染，保护和改善海洋环境，根据《中华人民共和国海洋环境保护法》，制定本条例。

第二条 本条例所称海岸工程建设项目，是指位于海岸或者与海岸连接，工程主体位于海岸线向陆一侧，对海洋环境产生影响的新建、改建、扩建工程项目。具体包括：

（一）港口、码头、航道、滨海机场工程项目；

（二）造船厂、修船厂；

（三）滨海火电站、核电站、风电站；

（四）滨海物资存储设施工程项目；

（五）滨海矿山、化工、轻工、冶金等工业工程项目；

（六）固体废弃物、污水等污染物处理处置排海工程项目；

（七）滨海大型养殖场；

（八）海岸防护工程、砂石场和入海河口处的水利设施；

（九）滨海石油勘探开发工程项目；

（十）国务院环境保护主管部门会同国家海洋主管部门规定的其

他海岸工程项目。

第三条 本条例适用于在中华人民共和国境内兴建海岸工程建设项目的一切单位和个人。

拆船厂建设项目的环境保护管理，依照《防止拆船污染环境管理条例》执行。

第四条 建设海岸工程建设项目，应当符合所在经济区的区域环境保护规划的要求。

第五条 国务院环境保护主管部门，主管全国海岸工程建设项目的环境保护工作。

沿海县级以上地方人民政府环境保护主管部门，主管本行政区域内的海岸工程建设项目的环境保护工作。

第六条 新建、改建、扩建海岸工程建设项目，应当遵守国家有关建设项目环境保护管理的规定。

第七条 海岸工程建设项目的建设单位，应当依法编制环境影响报告书（表），报环境保护主管部门审批。

环境保护主管部门在批准海岸工程建设项目的环境影响报告书（表）之前，应当征求海洋、海事、渔业主管部门和军队环境保护部门的意见。

禁止在天然港湾有航运价值的区域、重要苗种基地和养殖场所及水面、滩涂中的鱼、虾、蟹、贝、藻类的自然产卵场、繁殖场、索饵场及重要的洄游通道围海造地。

第八条 海岸工程建设项目环境影响报告书的内容，除按有关规定编制外，还应当包括：

（一）所在地及其附近海域的环境状况；

（二）建设过程中和建成后可能对海洋环境造成的影响；

（三）海洋环境保护措施及其技术、经济可行性论证结论；

（四）建设项目海洋环境影响评价结论。

海岸工程建设项目环境影响报告表，应当参照前款规定填报。

第九条 禁止兴建向中华人民共和国海域及海岸转嫁污染的中

外合资经营企业、中外合作经营企业和外资企业；海岸工程建设项目引进技术和设备，应当有相应的防治污染措施，防止转嫁污染。

第十条　在海洋特别保护区、海上自然保护区、海滨风景游览区、盐场保护区、海水浴场、重要渔业水域和其他需要特殊保护的区域内不得建设污染环境、破坏景观的海岸工程建设项目；在其区域外建设海岸工程建设项目的，不得损害上述区域的环境质量。法律法规另有规定的除外。

第十一条　海岸工程建设项目竣工验收时，建设项目的环境保护设施经验收合格后，该建设项目方可正式投入生产或者使用。

第十二条　县级以上人民政府环境保护主管部门，按照项目管理权限，可以会同有关部门对海岸工程建设项目进行现场检查，被检查者应当如实反映情况、提供资料。检查者有责任为被检查者保守技术秘密和业务秘密。法律法规另有规定的除外。

第十三条　设置向海域排放废水设施的，应当合理利用海水自净能力，选择好排污口的位置。采用暗沟或者管道方式排放的，出水管口位置应当在低潮线以下。

第十四条　建设港口、码头，应当设置与其吞吐能力和货物种类相适应的防污设施。

港口、油码头、化学危险品码头，应当配备海上重大污染损害事故应急设备和器材。

现有港口、码头未达到前两款规定要求的，由环境保护主管部门会同港口、码头主管部门责令其限期设置或者配备。

第十五条　建设岸边造船厂、修船厂，应当设置与其性质、规模相适应的残油、废油接收处理设施，含油废水接收处理设施，拦油、收油、消油设施，工业废水接收处理设施，工业和船舶垃圾接收处理设施等。

第十六条　建设滨海核电站和其他核设施，应当严格遵守国家有关核环境保护和放射防护的规定及标准。

第十七条　建设岸边油库，应当设置含油废水接收处理设施，库场地面冲刷废水的集接、处理设施和事故应急设施;输油管线和储油设施应当符合国家关于防渗漏、防腐蚀的规定。

第十八条 建设滨海矿山,在开采、选矿、运输、贮存、冶炼和尾矿处理等过程中,应当按照有关规定采取防止污染损害海洋环境的措施。

第十九条 建设滨海垃圾场或者工业废渣填埋场,应当建造防护堤坝和场底封闭层,设置渗液收集、导出、处理系统和可燃性气体防爆装置。

第二十条 修筑海岸防护工程,在入海河口处兴建水利设施、航道或者综合整治工程,应当采取措施,不得损害生态环境及水产资源。

第二十一条 兴建海岸工程建设项目,不得改变、破坏国家和地方重点保护的野生动植物的生存环境。不得兴建可能导致重点保护的野生动植物生存环境污染和破坏的海岸工程建设项目;确需兴建的,应当征得野生动植物行政主管部门同意,并由建设单位负责组织采取易地繁育等措施,保证物种延续。

在鱼、虾、蟹、贝类的洄游通道建闸、筑坝,对渔业资源有严重影响的,建设单位应当建造过鱼设施或者采取其他补救措施。

第二十二条 集体所有制单位或者个人在全民所有的水域、海涂,建设构不成基本建设项目的养殖工程的,应当在县级以上地方人民政府规划的区域内进行。

集体所有制单位或者个人零星经营性采挖砂石,应当在县级以上地方人民政府指定的区域内采挖。

第二十三条 禁止在红树林和珊瑚礁生长的地区,建设毁坏红树林和珊瑚礁生态系统的海岸工程建设项目。

第二十四条 兴建海岸工程建设项目,应当防止导致海岸非正常侵蚀。

禁止在海岸保护设施管理部门规定的海岸保护设施的保护范围内从事爆破、采挖砂石、取土等危害海岸保护设施安全的活动。非经国务院授权的有关主管部门批准,不得占用或者拆除海岸保护设施。

第二十五条 未持有经审核和批准的环境影响报告书(表),兴建海岸工程建设项目的,依照《中华人民共和国海洋环境保护法》第七十九条的规定予以处罚。

第二十六条 拒绝、阻挠环境保护主管部门进行现场检查,或者在被检查时弄虚作假的,由县级以上人民政府环境保护主管部门依照《中华人民共和国海洋环境保护法》第七十五条的规定予以处罚。

第二十七条 海岸工程建设项目的环境保护设施未建成或者未达到规定要求,该项目即投入生产、使用的,依照《中华人民共和国海洋环境保护法》第八十条的规定予以处罚。

第二十八条 环境保护主管部门工作人员滥用职权、玩忽职守、徇私舞弊的,由其所在单位或者上级主管机关给予行政处分;构成犯罪的,依法追究刑事责任。

第二十九条 本条例自1990年8月1日起施行。

防治海洋工程建设项目污染损害海洋环境管理条例

(2006年9月19日中华人民共和国国务院令第475号公布 根据2017年3月1日《国务院关于修改和废止部分行政法规的决定》第一次修订 根据2018年3月19日《国务院关于修改和废止部分行政法规的决定》第二次修订)

第一章 总 则

第一条 为了防治和减轻海洋工程建设项目(以下简称海洋工程)污染损害海洋环境,维护海洋生态平衡,保护海洋资源,根据《中华人民共和国海洋环境保护法》,制定本条例。

第二条 在中华人民共和国管辖海域内从事海洋工程污染损害海洋环境防治活动,适用本条例。

第三条 本条例所称海洋工程,是指以开发、利用、保护、恢复海洋资源为目的,并且工程主体位于海岸线向海一侧的新建、改建、扩建工程。具体包括:

(一) 围填海、海上堤坝工程;

(二) 人工岛、海上和海底物资储藏设施、跨海桥梁、海底隧道工程;

(三) 海底管道、海底电(光)缆工程;

(四) 海洋矿产资源勘探开发及其附属工程;

(五) 海上潮汐电站、波浪电站、温差电站等海洋能源开发利用工程;

（六）大型海水养殖场、人工鱼礁工程；

（七）盐田、海水淡化等海水综合利用工程；

（八）海上娱乐及运动、景观开发工程；

（九）国家海洋主管部门会同国务院环境保护主管部门规定的其他海洋工程。

第四条　国家海洋主管部门负责全国海洋工程环境保护工作的监督管理，并接受国务院环境保护主管部门的指导、协调和监督。沿海县级以上地方人民政府海洋主管部门负责本行政区域毗邻海域海洋工程环境保护工作的监督管理。

第五条　海洋工程的选址和建设应当符合海洋功能区划、海洋环境保护规划和国家有关环境保护标准，不得影响海洋功能区的环境质量或者损害相邻海域的功能。

第六条　国家海洋主管部门根据国家重点海域污染物排海总量控制指标，分配重点海域海洋工程污染物排海控制数量。

第七条　任何单位和个人对海洋工程污染损害海洋环境、破坏海洋生态等违法行为，都有权向海洋主管部门进行举报。

接到举报的海洋主管部门应当依法进行调查处理，并为举报人保密。

第二章　环境影响评价

第八条　国家实行海洋工程环境影响评价制度。

海洋工程的环境影响评价，应当以工程对海洋环境和海洋资源的影响为重点进行综合分析、预测和评估，并提出相应的生态保护措施，预防、控制或者减轻工程对海洋环境和海洋资源造成的影响和破坏。

海洋工程环境影响报告书应当依据海洋工程环境影响评价技术标准及其他相关环境保护标准编制。编制环境影响报告书应当使用符合国家海洋主管部门要求的调查、监测资料。

第九条 海洋工程环境影响报告书应当包括下列内容：

（一）工程概况；

（二）工程所在海域环境现状和相邻海域开发利用情况；

（三）工程对海洋环境和海洋资源可能造成影响的分析、预测和评估；

（四）工程对相邻海域功能和其他开发利用活动影响的分析及预测；

（五）工程对海洋环境影响的经济损益分析和环境风险分析；

（六）拟采取的环境保护措施及其经济、技术论证；

（七）公众参与情况；

（八）环境影响评价结论。

海洋工程可能对海岸生态环境产生破坏的，其环境影响报告书中应当增加工程对近岸自然保护区等陆地生态系统影响的分析和评价。

第十条 新建、改建、扩建海洋工程的建设单位，应当编制环境影响报告书，报有核准权的海洋主管部门核准。

海洋主管部门在核准海洋工程环境影响报告书前，应当征求海事、渔业主管部门和军队环境保护部门的意见；必要时，可以举行听证会。其中，围填海工程必须举行听证会。

第十一条 下列海洋工程的环境影响报告书，由国家海洋主管部门核准：

（一）涉及国家海洋权益、国防安全等特殊性质的工程；

（二）海洋矿产资源勘探开发及其附属工程；

（三）50公顷以上的填海工程，100公顷以上的围海工程；

（四）潮汐电站、波浪电站、温差电站等海洋能源开发利用工程；

（五）由国务院或者国务院有关部门审批的海洋工程。

前款规定以外的海洋工程的环境影响报告书，由沿海县级以上地方人民政府海洋主管部门根据沿海省、自治区、直辖市人民政府规定的权限核准。

海洋工程可能造成跨区域环境影响并且有关海洋主管部门对环境影响评价结论有争议的，该工程的环境影响报告书由其共同的上一级海洋主管部门核准。

第十二条 海洋主管部门应当自收到海洋工程环境影响报告书之日起 60 个工作日内，作出是否核准的决定，书面通知建设单位。

需要补充材料的，应当及时通知建设单位，核准期限从材料补齐之日起重新计算。

第十三条 海洋工程环境影响报告书核准后，工程的性质、规模、地点、生产工艺或者拟采取的环境保护措施等发生重大改变的，建设单位应当重新编制环境影响报告书，报原核准该工程环境影响报告书的海洋主管部门核准；海洋工程自环境影响报告书核准之日起超过 5 年方开工建设的，应当在工程开工建设前，将该工程的环境影响报告书报原核准该工程环境影响报告书的海洋主管部门重新核准。

第十四条 建设单位可以采取招标方式确定海洋工程的环境影响评价单位。其他任何单位和个人不得为海洋工程指定环境影响评价单位。

第三章 海洋工程的污染防治

第十五条 海洋工程的环境保护设施应当与主体工程同时设计、同时施工、同时投产使用。

第十六条 海洋工程的初步设计，应当按照环境保护设计规范和经核准的环境影响报告书的要求，编制环境保护篇章，落实环境保护措施和环境保护投资概算。

第十七条 建设单位应当在海洋工程投入运行之日 30 个工作日前，向原核准该工程环境影响报告书的海洋主管部门申请环境保护设施的验收；海洋工程投入试运行的，应当自该工程投入试运行之日起 60 个工作日内，向原核准该工程环境影响报告书的海洋主管部门申请环境保护设施的验收。

分期建设、分期投入运行的海洋工程，其相应的环境保护设施应当分期验收。

第十八条 海洋主管部门应当自收到环境保护设施验收申请之日起 30 个工作日内完成验收；验收不合格的，应当限期整改。

海洋工程需要配套建设的环境保护设施未经海洋主管部门验收或者经验收不合格的，该工程不得投入运行。

建设单位不得擅自拆除或者闲置海洋工程的环境保护设施。

第十九条 海洋工程在建设、运行过程中产生不符合经核准的环境影响报告书的情形的，建设单位应当自该情形出现之日起 20 个工作日内组织环境影响的后评价，根据后评价结论采取改进措施，并将后评价结论和采取的改进措施报原核准该工程环境影响报告书的海洋主管部门备案；原核准该工程环境影响报告书的海洋主管部门也可以责成建设单位进行环境影响的后评价，采取改进措施。

第二十条 严格控制围填海工程。禁止在经济生物的自然产卵场、繁殖场、索饵场和鸟类栖息地进行围填海活动。

围填海工程使用的填充材料应当符合有关环境保护标准。

第二十一条 建设海洋工程，不得造成领海基点及其周围环境的侵蚀、淤积和损害，危及领海基点的稳定。

进行海上堤坝、跨海桥梁、海上娱乐及运动、景观开发工程建设的，应当采取有效措施防止对海岸的侵蚀或者淤积。

第二十二条 污水离岸排放工程排污口的设置应当符合海洋功能区划和海洋环境保护规划，不得损害相邻海域的功能。

污水离岸排放不得超过国家或者地方规定的排放标准。在实行污染物排海总量控制的海域，不得超过污染物排海总量控制指标。

第二十三条 从事海水养殖的养殖者，应当采取科学的养殖方式，减少养殖饵料对海洋环境的污染。因养殖污染海域或者严重破坏海洋景观的，养殖者应当予以恢复和整治。

第二十四条　建设单位在海洋固体矿产资源勘探开发工程的建设、运行过程中，应当采取有效措施，防止污染物大范围悬浮扩散，破坏海洋环境。

第二十五条　海洋油气矿产资源勘探开发作业中应当配备油水分离设施、含油污水处理设备、排油监控装置、残油和废油回收设施、垃圾粉碎设备。

海洋油气矿产资源勘探开发作业中所使用的固定式平台、移动式平台、浮式储油装置、输油管线及其他辅助设施，应当符合防渗、防漏、防腐蚀的要求；作业单位应当经常检查，防止发生漏油事故。

前款所称固定式平台和移动式平台，是指海洋油气矿产资源勘探开发作业中所使用的钻井船、钻井平台、采油平台和其他平台。

第二十六条　海洋油气矿产资源勘探开发单位应当办理有关污染损害民事责任保险。

第二十七条　海洋工程建设过程中需要进行海上爆破作业的，建设单位应当在爆破作业前报告海洋主管部门，海洋主管部门应当及时通报海事、渔业等有关部门。

进行海上爆破作业，应当设置明显的标志、信号，并采取有效措施保护海洋资源。在重要渔业水域进行炸药爆破作业或者进行其他可能对渔业资源造成损害的作业活动的，应当避开主要经济类鱼虾的产卵期。

第二十八条　海洋工程需要拆除或者改作他用的，应当在作业前报原核准该工程环境影响报告书的海洋主管部门备案。拆除或者改变用途后可能产生重大环境影响的，应当进行环境影响评价。

海洋工程需要在海上弃置的，应当拆除可能造成海洋环境污染损害或者影响海洋资源开发利用的部分，并按照有关海洋倾倒废弃物管理的规定进行。

海洋工程拆除时，施工单位应当编制拆除的环境保护方案，采取必要的措施，防止对海洋环境造成污染和损害。

第四章 污染物排放管理

第二十九条 海洋油气矿产资源勘探开发作业中产生的污染物的处置,应当遵守下列规定:

(一)含油污水不得直接或者经稀释排放入海,应当经处理符合国家有关排放标准后再排放;

(二)塑料制品、残油、废油、油基泥浆、含油垃圾和其他有毒有害残液残渣,不得直接排放或者弃置入海,应当集中储存在专门容器中,运回陆地处理。

第三十条 严格控制向水基泥浆中添加油类,确需添加的,应当如实记录并向原核准该工程环境影响报告书的海洋主管部门报告添加油的种类和数量。禁止向海域排放含油量超过国家规定标准的水基泥浆和钻屑。

第三十一条 建设单位在海洋工程试运行或者正式投入运行后,应当如实记录污染物排放设施、处理设备的运转情况及其污染物的排放、处置情况,并按照国家海洋主管部门的规定,定期向原核准该工程环境影响报告书的海洋主管部门报告。

第三十二条 县级以上人民政府海洋主管部门,应当按照各自的权限核定海洋工程排放污染物的种类、数量,根据国务院价格主管部门和财政部门制定的收费标准确定排污者应当缴纳的排污费数额。

排污者应当到指定的商业银行缴纳排污费。

第三十三条 海洋油气矿产资源勘探开发作业中应当安装污染物流量自动监控仪器,对生产污水、机舱污水和生活污水的排放进行计量。

第三十四条 禁止向海域排放油类、酸液、碱液、剧毒废液和高、中水平放射性废水;严格限制向海域排放低水平放射性废水,确需排放的,应当符合国家放射性污染防治标准。

严格限制向大气排放含有毒物质的气体，确需排放的，应当经过净化处理，并不得超过国家或者地方规定的排放标准；向大气排放含放射性物质的气体，应当符合国家放射性污染防治标准。

严格控制向海域排放含有不易降解的有机物和重金属的废水；其他污染物的排放应当符合国家或者地方标准。

第三十五条　海洋工程排污费全额纳入财政预算，实行"收支两条线"管理，并全部专项用于海洋环境污染防治。具体办法由国务院财政部门会同国家海洋主管部门制定。

第五章　污染事故的预防和处理

第三十六条　建设单位应当在海洋工程正式投入运行前制定防治海洋工程污染损害海洋环境的应急预案，报原核准该工程环境影响报告书的海洋主管部门和有关主管部门备案。

第三十七条　防治海洋工程污染损害海洋环境的应急预案应当包括以下内容：

（一）工程及其相邻海域的环境、资源状况；

（二）污染事故风险分析；

（三）应急设施的配备；

（四）污染事故的处理方案。

第三十八条　海洋工程在建设、运行期间，由于发生事故或者其他突发性事件，造成或者可能造成海洋环境污染事故时，建设单位应当立即向可能受到污染的沿海县级以上地方人民政府海洋主管部门或者其他有关主管部门报告，并采取有效措施，减轻或者消除污染，同时通报可能受到危害的单位和个人。

沿海县级以上地方人民政府海洋主管部门或者其他有关主管部门接到报告后，应当按照污染事故分级规定及时向县级以上人民政府和上级有关主管部门报告。县级以上人民政府和有关主管部门应当按照各自的职责，立即派人赶赴现场，采取有效措施，消除或者

· 103 ·

减轻危害，对污染事故进行调查处理。

第三十九条　在海洋自然保护区内进行海洋工程建设活动，应当按照国家有关海洋自然保护区的规定执行。

第六章　监督检查

第四十条　县级以上人民政府海洋主管部门负责海洋工程污染损害海洋环境防治的监督检查，对违反海洋污染防治法律、法规的行为进行查处。

县级以上人民政府海洋主管部门的监督检查人员应当严格按照法律、法规规定的程序和权限进行监督检查。

第四十一条　县级以上人民政府海洋主管部门依法对海洋工程进行现场检查时，有权采取下列措施：

（一）要求被检查单位或者个人提供与环境保护有关的文件、证件、数据以及技术资料等，进行查阅或者复制；

（二）要求被检查单位负责人或者相关人员就有关问题作出说明；

（三）进入被检查单位的工作现场进行监测、勘查、取样检验、拍照、摄像；

（四）检查各项环境保护设施、设备和器材的安装、运行情况；

（五）责令违法者停止违法活动，接受调查处理；

（六）要求违法者采取有效措施，防止污染事态扩大。

第四十二条　县级以上人民政府海洋主管部门的监督检查人员进行现场执法检查时，应当出示规定的执法证件。用于执法检查、巡航监视的公务飞机、船舶和车辆应当有明显的执法标志。

第四十三条　被检查单位和个人应当如实提供材料，不得拒绝或者阻碍监督检查人员依法执行公务。

有关单位和个人对海洋主管部门的监督检查工作应当予以配合。

第四十四条　县级以上人民政府海洋主管部门对违反海洋污染

防治法律、法规的行为，应当依法作出行政处理决定；有关海洋主管部门不依法作出行政处理决定的，上级海洋主管部门有权责令其依法作出行政处理决定或者直接作出行政处理决定。

第七章 法律责任

第四十五条 建设单位违反本条例规定，有下列行为之一的，由负责核准该工程环境影响报告书的海洋主管部门责令停止建设、运行，限期补办手续，并处5万元以上20万元以下的罚款：

（一）环境影响报告书未经核准，擅自开工建设的；

（二）海洋工程环境保护设施未申请验收或者经验收不合格即投入运行的。

第四十六条 建设单位违反本条例规定，有下列行为之一的，由原核准该工程环境影响报告书的海洋主管部门责令停止建设、运行，限期补办手续，并处5万元以上20万元以下的罚款：

（一）海洋工程的性质、规模、地点、生产工艺或者拟采取的环境保护措施发生重大改变，未重新编制环境影响报告书报原核准该工程环境影响报告书的海洋主管部门核准的；

（二）自环境影响报告书核准之日起超过5年，海洋工程方开工建设，其环境影响报告书未重新报原核准该工程环境影响报告书的海洋主管部门核准的；

（三）海洋工程需要拆除或者改作他用时，未报原核准该工程环境影响报告书的海洋主管部门备案或者未按要求进行环境影响评价的。

第四十七条 建设单位违反本条例规定，有下列行为之一的，由原核准该工程环境影响报告书的海洋主管部门责令限期改正；逾期不改正的，责令停止运行，并处1万元以上10万元以下的罚款：

（一）擅自拆除或者闲置环境保护设施的；

（二）未在规定时间内进行环境影响后评价或者未按要求采取整

改措施的。

第四十八条 建设单位违反本条例规定，有下列行为之一的，由县级以上人民政府海洋主管部门责令停止建设、运行，限期恢复原状；逾期未恢复原状的，海洋主管部门可以指定具有相应资质的单位代为恢复原状，所需费用由建设单位承担，并处恢复原状所需费用1倍以上2倍以下的罚款：

（一）造成领海基点及其周围环境被侵蚀、淤积或者损害的；

（二）违反规定在海洋自然保护区内进行海洋工程建设活动的。

第四十九条 建设单位违反本条例规定，在围填海工程中使用的填充材料不符合有关环境保护标准的，由县级以上人民政府海洋主管部门责令限期改正；逾期不改正的，责令停止建设、运行，并处5万元以上20万元以下的罚款；造成海洋环境污染事故，直接负责的主管人员和其他直接责任人员构成犯罪的，依法追究刑事责任。

第五十条 建设单位违反本条例规定，有下列行为之一的，由原核准该工程环境影响报告书的海洋主管部门责令限期改正；逾期不改正的，处1万元以上5万元以下的罚款：

（一）未按规定报告污染物排放设施、处理设备的运转情况或者污染物的排放、处置情况的；

（二）未按规定报告其向水基泥浆中添加油的种类和数量的；

（三）未按规定将防治海洋工程污染损害海洋环境的应急预案备案的；

（四）在海上爆破作业前未按规定报告海洋主管部门的；

（五）进行海上爆破作业时，未按规定设置明显标志、信号的。

第五十一条 建设单位违反本条例规定，进行海上爆破作业时未采取有效措施保护海洋资源的，由县级以上人民政府海洋主管部门责令限期改正；逾期未改正的，处1万元以上10万元以下的罚款。

建设单位违反本条例规定，在重要渔业水域进行炸药爆破或者进行其他可能对渔业资源造成损害的作业，未避开主要经济类鱼虾产卵期的，由县级以上人民政府海洋主管部门予以警告、责令停止作业，并处5万元以上20万元以下的罚款。

第五十二条　海洋油气矿产资源勘探开发单位违反本条例规定向海洋排放含油污水，或者将塑料制品、残油、废油、油基泥浆、含油垃圾和其他有毒有害残液残渣直接排放或者弃置入海的，由国家海洋主管部门或者其派出机构责令限期清理，并处2万元以上20万元以下的罚款；逾期未清理的，国家海洋主管部门或者其派出机构可以指定有相应资质的单位代为清理，所需费用由海洋油气矿产资源勘探开发单位承担；造成海洋环境污染事故，直接负责的主管人员和其他直接责任人员构成犯罪的，依法追究刑事责任。

第五十三条　海水养殖者未按规定采取科学的养殖方式，对海洋环境造成污染或者严重影响海洋景观的，由县级以上人民政府海洋主管部门责令限期改正；逾期不改正的，责令停止养殖活动，并处清理污染或者恢复海洋景观所需费用1倍以上2倍以下的罚款。

第五十四条　建设单位未按本条例规定缴纳排污费的，由县级以上人民政府海洋主管部门责令限期缴纳；逾期拒不缴纳的，处应缴纳排污费数额2倍以上3倍以下的罚款。

第五十五条　违反本条例规定，造成海洋环境污染损害的，责任者应当排除危害，赔偿损失。完全由于第三者的故意或者过失造成海洋环境污染损害的，由第三者排除危害，承担赔偿责任。

违反本条例规定，造成海洋环境污染事故，直接负责的主管人员和其他直接责任人员构成犯罪的，依法追究刑事责任。

第五十六条　海洋主管部门的工作人员违反本条例规定，有下列情形之一的，依法给予行政处分；构成犯罪的，依法追究刑事责任：

（一）未按规定核准海洋工程环境影响报告书的；

（二）未按规定验收环境保护设施的；

（三）未按规定对海洋环境污染事故进行报告和调查处理的；

（四）未按规定征收排污费的；

（五）未按规定进行监督检查的。

第八章 附　　则

第五十七条　船舶污染的防治按照国家有关法律、行政法规的规定执行。

第五十八条　本条例自 2006 年 11 月 1 日起施行。

防治船舶污染海洋环境管理条例

（2009年9月9日中华人民共和国国务院令第561号公布 根据2013年7月18日《国务院关于废止和修改部分行政法规的决定》第一次修订 根据2013年12月7日《国务院关于修改部分行政法规的决定》第二次修订 根据2014年7月29日《国务院关于修改部分行政法规的决定》第三次修订 根据2016年2月6日《国务院关于修改部分行政法规的决定》第四次修订 根据2017年3月1日《国务院关于修改和废止部分行政法规的决定》第五次修订 根据2018年3月19日《国务院关于修改和废止部分行政法规的决定》第六次修订）

第一章 总 则

第一条 为了防治船舶及其有关作业活动污染海洋环境，根据《中华人民共和国海洋环境保护法》，制定本条例。

第二条 防治船舶及其有关作业活动污染中华人民共和国管辖海域适用本条例。

第三条 防治船舶及其有关作业活动污染海洋环境，实行预防为主、防治结合的原则。

第四条 国务院交通运输主管部门主管所辖港区水域内非军事船舶和港区水域外非渔业、非军事船舶污染海洋环境的防治工作。

海事管理机构依照本条例规定具体负责防治船舶及其有关作业活动污染海洋环境的监督管理。

第五条 国务院交通运输主管部门应当根据防治船舶及其有关作业活动污染海洋环境的需要，组织编制防治船舶及其有关作业活动污染海洋环境应急能力建设规划，报国务院批准后公布实施。

沿海设区的市级以上地方人民政府应当按照国务院批准的防治船舶及其有关作业活动污染海洋环境应急能力建设规划，并根据本地区的实际情况，组织编制相应的防治船舶及其有关作业活动污染海洋环境应急能力建设规划。

第六条 国务院交通运输主管部门、沿海设区的市级以上地方人民政府应当建立健全防治船舶及其有关作业活动污染海洋环境应急反应机制，并制定防治船舶及其有关作业活动污染海洋环境应急预案。

第七条 海事管理机构应当根据防治船舶及其有关作业活动污染海洋环境的需要，会同海洋主管部门建立健全船舶及其有关作业活动污染海洋环境的监测、监视机制，加强对船舶及其有关作业活动污染海洋环境的监测、监视。

第八条 国务院交通运输主管部门、沿海设区的市级以上地方人民政府应当按照防治船舶及其有关作业活动污染海洋环境应急能力建设规划，建立专业应急队伍和应急设备库，配备专用的设施、设备和器材。

第九条 任何单位和个人发现船舶及其有关作业活动造成或者可能造成海洋环境污染的，应当立即就近向海事管理机构报告。

第二章　防治船舶及其有关作业活动污染海洋环境的一般规定

第十条 船舶的结构、设备、器材应当符合国家有关防治船舶污染海洋环境的技术规范以及中华人民共和国缔结或者参加的国际条约的要求。

船舶应当依照法律、行政法规、国务院交通运输主管部门的规定以及中华人民共和国缔结或者参加的国际条约的要求，取得并随船携带相应的防治船舶污染海洋环境的证书、文书。

第十一条　中国籍船舶的所有人、经营人或者管理人应当按照国务院交通运输主管部门的规定，建立健全安全营运和防治船舶污染管理体系。

海事管理机构应当对安全营运和防治船舶污染管理体系进行审核，审核合格的，发给符合证明和相应的船舶安全管理证书。

第十二条　港口、码头、装卸站以及从事船舶修造的单位应当配备与其装卸货物种类和吞吐能力或者修造船舶能力相适应的污染监视设施和污染物接收设施，并使其处于良好状态。

第十三条　港口、码头、装卸站以及从事船舶修造、打捞、拆解等作业活动的单位应当制定有关安全营运和防治污染的管理制度，按照国家有关防治船舶及其有关作业活动污染海洋环境的规范和标准，配备相应的防治污染设备和器材。

港口、码头、装卸站以及从事船舶修造、打捞、拆解等作业活动的单位，应当定期检查、维护配备的防治污染设备和器材，确保防治污染设备和器材符合防治船舶及其有关作业活动污染海洋环境的要求。

第十四条　船舶所有人、经营人或者管理人应当制定防治船舶及其有关作业活动污染海洋环境的应急预案，并报海事管理机构备案。

港口、码头、装卸站的经营人以及有关作业单位应当制定防治船舶及其有关作业活动污染海洋环境的应急预案，并报海事管理机构和环境保护主管部门备案。

船舶、港口、码头、装卸站以及其他有关作业单位应当按照应急预案，定期组织演练，并做好相应记录。

第三章　船舶污染物的排放和接收

第十五条　船舶在中华人民共和国管辖海域向海洋排放的船舶垃圾、生活污水、含油污水、含有毒有害物质污水、废气等污染物

· 111 ·

以及压载水，应当符合法律、行政法规、中华人民共和国缔结或者参加的国际条约以及相关标准的要求。

船舶应当将不符合前款规定的排放要求的污染物排入港口接收设施或者由船舶污染物接收单位接收。

船舶不得向依法划定的海洋自然保护区、海滨风景名胜区、重要渔业水域以及其他需要特别保护的海域排放船舶污染物。

第十六条　船舶处置污染物，应当在相应的记录簿内如实记录。

船舶应当将使用完毕的船舶垃圾记录簿在船舶上保留 2 年；将使用完毕的含油污水、含有毒有害物质污水记录簿在船舶上保留 3 年。

第十七条　船舶污染物接收单位从事船舶垃圾、残油、含油污水、含有毒有害物质污水接收作业，应当编制作业方案，遵守相关操作规程，并采取必要的防污染措施。船舶污染物接收单位应当将船舶污染物接收情况按照规定向海事管理机构报告。

第十八条　船舶污染物接收单位接收船舶污染物，应当向船舶出具污染物接收单证，经双方签字确认并留存至少 2 年。污染物接收单证应当注明作业双方名称，作业开始和结束的时间、地点，以及污染物种类、数量等内容。船舶应当将污染物接收单证保存在相应的记录簿中。

第十九条　船舶污染物接收单位应当按照国家有关污染物处理的规定处理接收的船舶污染物，并每月将船舶污染物的接收和处理情况报海事管理机构备案。

第四章　船舶有关作业活动的污染防治

第二十条　从事船舶清舱、洗舱、油料供受、装卸、过驳、修造、打捞、拆解，污染危害性货物装箱、充罐，污染清除作业以及利用船舶进行水上水下施工等作业活动的，应当遵守相关操作规程，并采取必要的安全和防治污染的措施。

从事前款规定的作业活动的人员，应当具备相关安全和防治污染的专业知识和技能。

第二十一条 船舶不符合污染危害性货物适载要求的，不得载运污染危害性货物，码头、装卸站不得为其进行装载作业。

污染危害性货物的名录由国家海事管理机构公布。

第二十二条 载运污染危害性货物进出港口的船舶，其承运人、货物所有人或者代理人，应当向海事管理机构提出申请，经批准方可进出港口或者过境停留。

第二十三条 载运污染危害性货物的船舶，应当在海事管理机构公布的具有相应安全装卸和污染物处理能力的码头、装卸站进行装卸作业。

第二十四条 货物所有人或者代理人交付船舶载运污染危害性货物，应当确保货物的包装与标志等符合有关安全和防治污染的规定，并在运输单证上准确注明货物的技术名称、编号、类别（性质）、数量、注意事项和应急措施等内容。

货物所有人或者代理人交付船舶载运污染危害性不明的货物，应当委托有关技术机构进行危害性评估，明确货物的危害性质以及有关安全和防治污染要求，方可交付船舶载运。

第二十五条 海事管理机构认为交付船舶载运的污染危害性货物应当申报而未申报，或者申报的内容不符合实际情况的，可以按照国务院交通运输主管部门的规定采取开箱等方式查验。

海事管理机构查验污染危害性货物，货物所有人或者代理人应当到场，并负责搬移货物，开拆和重封货物的包装。海事管理机构认为必要的，可以径行查验、复验或者提取货样，有关单位和个人应当配合。

第二十六条 进行散装液体污染危害性货物过驳作业的船舶，其承运人、货物所有人或者代理人应当向海事管理机构提出申请，告知作业地点，并附送过驳作业方案、作业程序、防治污染措施等材料。

海事管理机构应当自受理申请之日起2个工作日内作出许可或者不予许可的决定。2个工作日内无法作出决定的,经海事管理机构负责人批准,可以延长5个工作日。

第二十七条 依法获得船舶油料供受作业资质的单位,应当向海事管理机构备案。海事管理机构应当对船舶油料供受作业进行监督检查,发现不符合安全和防治污染要求的,应当予以制止。

第二十八条 船舶燃油供给单位应当如实填写燃油供受单证,并向船舶提供船舶燃油供受单证和燃油样品。

船舶和船舶燃油供给单位应当将燃油供受单证保存3年,并将燃油样品妥善保存1年。

第二十九条 船舶修造、水上拆解的地点应当符合环境功能区划和海洋功能区划。

第三十条 从事船舶拆解的单位在船舶拆解作业前,应当对船舶上的残余物和废弃物进行处置,将油舱(柜)中的存油驳出,进行船舶清舱、洗舱、测爆等工作。

从事船舶拆解的单位应当及时清理船舶拆解现场,并按照国家有关规定处理船舶拆解产生的污染物。

禁止采取冲滩方式进行船舶拆解作业。

第三十一条 禁止船舶经过中华人民共和国内水、领海转移危险废物。

经过中华人民共和国管辖的其他海域转移危险废物的,应当事先取得国务院环境保护主管部门的书面同意,并按照海事管理机构指定的航线航行,定时报告船舶所处的位置。

第三十二条 船舶向海洋倾倒废弃物,应当如实记录倾倒情况。返港后,应当向驶出港所在地的海事管理机构提交书面报告。

第三十三条 载运散装液体污染危害性货物的船舶和1万总吨以上的其他船舶,其经营人应当在作业前或者进出港口前与符合国家有关技术规范的污染清除作业单位签订污染清除作业协议,明确双方在发生船舶污染事故后污染清除的权利和义务。

与船舶经营人签订污染清除作业协议的污染清除作业单位应当在发生船舶污染事故后,按照污染清除作业协议及时进行污染清除作业。

第五章 船舶污染事故应急处置

第三十四条 本条例所称船舶污染事故,是指船舶及其有关作业活动发生油类、油性混合物和其他有毒有害物质泄漏造成的海洋环境污染事故。

第三十五条 船舶污染事故分为以下等级:

(一)特别重大船舶污染事故,是指船舶溢油 1000 吨以上,或者造成直接经济损失 2 亿元以上的船舶污染事故;

(二)重大船舶污染事故,是指船舶溢油 500 吨以上不足 1000 吨,或者造成直接经济损失 1 亿元以上不足 2 亿元的船舶污染事故;

(三)较大船舶污染事故,是指船舶溢油 100 吨以上不足 500 吨,或者造成直接经济损失 5000 万元以上不足 1 亿元的船舶污染事故;

(四)一般船舶污染事故,是指船舶溢油不足 100 吨,或者造成直接经济损失不足 5000 万元的船舶污染事故。

第三十六条 船舶在中华人民共和国管辖海域发生污染事故,或者在中华人民共和国管辖海域外发生污染事故造成或者可能造成中华人民共和国管辖海域污染的,应当立即启动相应的应急预案,采取措施控制和消除污染,并就近向有关海事管理机构报告。

发现船舶及其有关作业活动可能对海洋环境造成污染的,船舶、码头、装卸站应当立即采取相应的应急处置措施,并就近向有关海事管理机构报告。

接到报告的海事管理机构应当立即核实有关情况,并向上级海事管理机构或者国务院交通运输主管部门报告,同时报告有关沿海设区的市级以上地方人民政府。

第三十七条 船舶污染事故报告应当包括下列内容：

（一）船舶的名称、国籍、呼号或者编号；

（二）船舶所有人、经营人或者管理人的名称、地址；

（三）发生事故的时间、地点以及相关气象和水文情况；

（四）事故原因或者事故原因的初步判断；

（五）船舶上污染物的种类、数量、装载位置等概况；

（六）污染程度；

（七）已经采取或者准备采取的污染控制、清除措施和污染控制情况以及救助要求；

（八）国务院交通运输主管部门规定应当报告的其他事项。

作出船舶污染事故报告后出现新情况的，船舶、有关单位应当及时补报。

第三十八条 发生特别重大船舶污染事故，国务院或者国务院授权国务院交通运输主管部门成立事故应急指挥机构。

发生重大船舶污染事故，有关省、自治区、直辖市人民政府应当会同海事管理机构成立事故应急指挥机构。

发生较大船舶污染事故和一般船舶污染事故，有关设区的市级人民政府应当会同海事管理机构成立事故应急指挥机构。

有关部门、单位应当在事故应急指挥机构统一组织和指挥下，按照应急预案的分工，开展相应的应急处置工作。

第三十九条 船舶发生事故有沉没危险，船员离船前，应当尽可能关闭所有货舱（柜）、油舱（柜）管系的阀门，堵塞货舱（柜）、油舱（柜）通气孔。

船舶沉没的，船舶所有人、经营人或者管理人应当及时向海事管理机构报告船舶燃油、污染危害性货物以及其他污染物的性质、数量、种类、装载位置等情况，并及时采取措施予以清除。

第四十条 发生船舶污染事故或者船舶沉没，可能造成中华人民共和国管辖海域污染的，有关沿海设区的市级以上地方人民政府、海事管理机构根据应急处置的需要，可以征用有关单位或者个人的船舶和防治污染设施、设备、器材以及其他物资,有关单位和个人应当予以配合。

被征用的船舶和防治污染设施、设备、器材以及其他物资使用完毕或者应急处置工作结束,应当及时返还。船舶和防治污染设施、设备、器材以及其他物资被征用或者征用后毁损、灭失的,应当给予补偿。

第四十一条　发生船舶污染事故,海事管理机构可以采取清除、打捞、拖航、引航、过驳等必要措施,减轻污染损害。相关费用由造成海洋环境污染的船舶、有关作业单位承担。

需要承担前款规定费用的船舶,应当在开航前缴清相关费用或者提供相应的财务担保。

第四十二条　处置船舶污染事故使用的消油剂,应当符合国家有关标准。

第六章　船舶污染事故调查处理

第四十三条　船舶污染事故的调查处理依照下列规定进行:

(一)特别重大船舶污染事故由国务院或者国务院授权国务院交通运输主管部门等部门组织事故调查处理;

(二)重大船舶污染事故由国家海事管理机构组织事故调查处理;

(三)较大船舶污染事故和一般船舶污染事故由事故发生地的海事管理机构组织事故调查处理。

船舶污染事故给渔业造成损害的,应当吸收渔业主管部门参与调查处理;给军事港口水域造成损害的,应当吸收军队有关主管部门参与调查处理。

第四十四条　发生船舶污染事故,组织事故调查处理的机关或者海事管理机构应当及时、客观、公正地开展事故调查,勘验事故现场,检查相关船舶,询问相关人员,收集证据,查明事故原因。

第四十五条　组织事故调查处理的机关或者海事管理机构根据事故调查处理的需要，可以暂扣相应的证书、文书、资料；必要时，可以禁止船舶驶离港口或者责令停航、改航、停止作业直至暂扣船舶。

第四十六条　组织事故调查处理的机关或者海事管理机构开展事故调查时，船舶污染事故的当事人和其他有关人员应当如实反映情况和提供资料，不得伪造、隐匿、毁灭证据或者以其他方式妨碍调查取证。

第四十七条　组织事故调查处理的机关或者海事管理机构应当自事故调查结束之日起 20 个工作日内制作事故认定书，并送达当事人。

事故认定书应当载明事故基本情况、事故原因和事故责任。

第七章　船舶污染事故损害赔偿

第四十八条　造成海洋环境污染损害的责任者，应当排除危害，并赔偿损失；完全由于第三者的故意或者过失，造成海洋环境污染损害的，由第三者排除危害，并承担赔偿责任。

第四十九条　完全属于下列情形之一，经过及时采取合理措施，仍然不能避免对海洋环境造成污染损害的，免予承担责任：

（一）战争；

（二）不可抗拒的自然灾害；

（三）负责灯塔或者其他助航设备的主管部门，在执行职责时的疏忽，或者其他过失行为。

第五十条　船舶污染事故的赔偿限额依照《中华人民共和国海商法》关于海事赔偿责任限制的规定执行。但是，船舶载运的散装持久性油类物质造成中华人民共和国管辖海域污染的，赔偿限额依照中华人民共和国缔结或者参加的有关国际条约的规定执行。

前款所称持久性油类物质，是指任何持久性烃类矿物油。

第五十一条 在中华人民共和国管辖海域内航行的船舶，其所有人应当按照国务院交通运输主管部门的规定，投保船舶油污损害民事责任保险或者取得相应的财务担保。但是，1000总吨以下载运非油类物质的船舶除外。

船舶所有人投保船舶油污损害民事责任保险或者取得的财务担保的额度应当不低于《中华人民共和国海商法》、中华人民共和国缔结或者参加的有关国际条约规定的油污赔偿限额。

第五十二条 已依照本条例第五十一条的规定投保船舶油污损害民事责任保险或者取得财务担保的中国籍船舶，其所有人应当持船舶国籍证书、船舶油污损害民事责任保险合同或者财务担保证明，向船籍港的海事管理机构申请办理船舶油污损害民事责任保险证书或者财务保证证书。

第五十三条 发生船舶油污事故，国家组织有关单位进行应急处置、清除污染所发生的必要费用，应当在船舶油污损害赔偿中优先受偿。

第五十四条 在中华人民共和国管辖水域接收海上运输的持久性油类物质货物的货物所有人或者代理人应当缴纳船舶油污损害赔偿基金。

船舶油污损害赔偿基金征收、使用和管理的具体办法由国务院财政部门会同国务院交通运输主管部门制定。

国家设立船舶油污损害赔偿基金管理委员会，负责处理船舶油污损害赔偿基金的赔偿等事务。船舶油污损害赔偿基金管理委员会由有关行政机关和缴纳船舶油污损害赔偿基金的主要货主组成。

第五十五条 对船舶污染事故损害赔偿的争议，当事人可以请求海事管理机构调解，也可以向仲裁机构申请仲裁或者向人民法院提起民事诉讼。

第八章　法律责任

第五十六条　船舶、有关作业单位违反本条例规定的，海事管理机构应当责令改正；拒不改正的，海事管理机构可以责令停止作业、强制卸载，禁止船舶进出港口、靠泊、过境停留，或者责令停航、改航、离境、驶向指定地点。

第五十七条　违反本条例的规定，船舶的结构不符合国家有关防治船舶污染海洋环境的技术规范或者有关国际条约要求的，由海事管理机构处10万元以上30万元以下的罚款。

第五十八条　违反本条例的规定，有下列情形之一的，由海事管理机构依照《中华人民共和国海洋环境保护法》有关规定予以处罚：

（一）船舶未取得并随船携带防治船舶污染海洋环境的证书、文书的；

（二）船舶、港口、码头、装卸站未配备防治污染设备、器材的；

（三）船舶向海域排放本条例禁止排放的污染物的；

（四）船舶未如实记录污染物处置情况的；

（五）船舶超过标准向海域排放污染物的；

（六）从事船舶水上拆解作业，造成海洋环境污染损害的。

第五十九条　违反本条例的规定，船舶未按照规定在船舶上留存船舶污染物处置记录，或者船舶污染物处置记录与船舶运行过程中产生的污染物数量不符合的，由海事管理机构处2万元以上10万元以下的罚款。

第六十条　违反本条例的规定，船舶污染物接收单位从事船舶垃圾、残油、含油污水、含有毒有害物质污水接收作业，未编制作业方案、遵守相关操作规程、采取必要的防污染措施的，由海事管理机构处1万元以上5万元以下的罚款；造成海洋环境污染的，处5

万元以上 25 万元以下的罚款。

第六十一条　违反本条例的规定，船舶污染物接收单位未按照规定向海事管理机构报告船舶污染物接收情况，或者未按照规定向船舶出具污染物接收单证，或者未按照规定将船舶污染物的接收和处理情况报海事管理机构备案的，由海事管理机构处 2 万元以下的罚款。

第六十二条　违反本条例的规定，有下列情形之一的，由海事管理机构处 2000 元以上 1 万元以下的罚款：

（一）船舶未按照规定保存污染物接收单证的；

（二）船舶燃油供给单位未如实填写燃油供受单证的；

（三）船舶燃油供给单位未按照规定向船舶提供燃油供受单证和燃油样品的；

（四）船舶和船舶燃油供给单位未按照规定保存燃油供受单证和燃油样品的。

第六十三条　违反本条例的规定，有下列情形之一的，由海事管理机构处 2 万元以上 10 万元以下的罚款：

（一）载运污染危害性货物的船舶不符合污染危害性货物适载要求的；

（二）载运污染危害性货物的船舶未在具有相应安全装卸和污染物处理能力的码头、装卸站进行装卸作业的；

（三）货物所有人或者代理人未按照规定对污染危害性不明的货物进行危害性评估的。

第六十四条　违反本条例的规定，未经海事管理机构批准，船舶载运污染危害性货物进出港口、过境停留或者过驳作业的，由海事管理机构处 1 万元以上 5 万元以下的罚款。

第六十五条　违反本条例的规定，有下列情形之一的，由海事管理机构处 2 万元以上 10 万元以下的罚款：

（一）船舶发生事故沉没，船舶所有人或者经营人未及时向海事管理机构报告船舶燃油、污染危害性货物以及其他污染物的性质、数量、种类、装载位置等情况的；

（二）船舶发生事故沉没，船舶所有人或者经营人未及时采取措施清除船舶燃油、污染危害性货物以及其他污染物的。

第六十六条 违反本条例的规定，有下列情形之一的，由海事管理机构处 1 万元以上 5 万元以下的罚款：

（一）载运散装液体污染危害性货物的船舶和 1 万总吨以上的其他船舶，其经营人未按照规定签订污染清除作业协议的；

（二）污染清除作业单位不符合国家有关技术规范从事污染清除作业的。

第六十七条 违反本条例的规定，发生船舶污染事故，船舶、有关作业单位未立即启动应急预案的，对船舶、有关作业单位，由海事管理机构处 2 万元以上 10 万元以下的罚款；对直接负责的主管人员和其他直接责任人员，由海事管理机构处 1 万元以上 2 万元以下的罚款。直接负责的主管人员和其他直接责任人员属于船员的，并处给予暂扣适任证书或者其他有关证件 1 个月至 3 个月的处罚。

第六十八条 违反本条例的规定，发生船舶污染事故，船舶、有关作业单位迟报、漏报事故的，对船舶、有关作业单位，由海事管理机构处 5 万元以上 25 万元以下的罚款；对直接负责的主管人员和其他直接责任人员，由海事管理机构处 1 万元以上 5 万元以下的罚款。直接负责的主管人员和其他直接责任人员属于船员的，并处给予暂扣适任证书或者其他有关证件 3 个月至 6 个月的处罚。瞒报、谎报事故的，对船舶、有关作业单位，由海事管理机构处 25 万元以上 50 万元以下的罚款；对直接负责的主管人员和其他直接责任人员，由海事管理机构处 5 万元以上 10 万元以下的罚款。直接负责的主管人员和其他直接责任人员属于船员的，并处给予吊销适任证书或者其他有关证件的处罚。

第六十九条 违反本条例的规定，未按照国家规定的标准使用消油剂的，由海事管理机构对船舶或者使用单位处 1 万元以上 5 万元以下的罚款。

第七十条　违反本条例的规定，船舶污染事故的当事人和其他有关人员，未如实向组织事故调查处理的机关或者海事管理机构反映情况和提供资料，伪造、隐匿、毁灭证据或者以其他方式妨碍调查取证的，由海事管理机构处1万元以上5万元以下的罚款。

第七十一条　违反本条例的规定，船舶所有人有下列情形之一的，由海事管理机构责令改正，可以处5万元以下的罚款；拒不改正的，处5万元以上25万元以下的罚款：

（一）在中华人民共和国管辖海域内航行的船舶，其所有人未按照规定投保船舶油污损害民事责任保险或者取得相应的财务担保的；

（二）船舶所有人投保船舶油污损害民事责任保险或者取得的财务担保的额度低于《中华人民共和国海商法》、中华人民共和国缔结或者参加的有关国际条约规定的油污赔偿限额的。

第七十二条　违反本条例的规定，在中华人民共和国管辖水域接收海上运输的持久性油类物质货物的货物所有人或者代理人，未按照规定缴纳船舶油污损害赔偿基金的，由海事管理机构责令改正；拒不改正的，可以停止其接收的持久性油类物质货物在中华人民共和国管辖水域进行装卸、过驳作业。

货物所有人或者代理人逾期未缴纳船舶油污损害赔偿基金的，应当自应缴之日起按日加缴未缴额的万分之五的滞纳金。

第九章　附　　则

第七十三条　中华人民共和国缔结或者参加的国际条约对防治船舶及其有关作业活动污染海洋环境有规定的，适用国际条约的规定。但是，中华人民共和国声明保留的条款除外。

第七十四条　县级以上人民政府渔业主管部门负责渔港水域内非军事船舶和渔港水域外渔业船舶污染海洋环境的监督管理，负责保护渔业水域生态环境工作，负责调查处理《中华人民共和国海洋环境保护法》第五条第四款规定的渔业污染事故。

第七十五条 军队环境保护部门负责军事船舶污染海洋环境的监督管理及污染事故的调查处理。

第七十六条 本条例自 2010 年 3 月 1 日起施行。1983 年 12 月 29 日国务院发布的《中华人民共和国防止船舶污染海域管理条例》同时废止。

中华人民共和国海洋倾废管理条例

(1985年3月6日国务院发布 根据2011年1月8日《国务院关于废止和修改部分行政法规的决定》第一次修订 根据2017年3月1日《国务院关于修改和废止部分行政法规的决定》第二次修订)

第一条 为实施《中华人民共和国海洋环境保护法》，严格控制向海洋倾倒废弃物，防止对海洋环境的污染损害，保持生态平衡，保护海洋资源，促进海洋事业的发展，特制定本条例。

第二条 本条例中的"倾倒"，是指利用船舶、航空器、平台及其他载运工具，向海洋处置废弃物和其他物质；向海洋弃置船舶、航空器、平台和其他海上人工构造物，以及向海洋处置由于海底矿物资源的勘探开发及与勘探开发相关的海上加工所产生的废弃物和其他物质。

"倾倒"不包括船舶、航空器及其他载运工具和设施正常操作产生的废弃物的排放。

第三条 本条例适用于：

一、向中华人民共和国的内海、领海、大陆架和其他管辖海域倾倒废弃物和其他物质；

二、为倾倒的目的，在中华人民共和国陆地或港口装载废弃物和其他物质；

三、为倾倒的目的，经中华人民共和国的内海、领海及其他管辖海域运送废弃物和其他物质；

四、在中华人民共和国管辖海域焚烧处置废弃物和其他物质。

海洋石油勘探开发过程中产生的废弃物，按照《中华人民共和国海洋石油勘探开发环境保护管理条例》的规定处理。

第四条 海洋倾倒废弃物的主管部门是中华人民共和国国家海洋局及其派出机构（简称"主管部门"，下同）。

第五条 海洋倾倒区由主管部门商同有关部门，按科学、合理、安全和经济的原则划出，报国务院批准确定。

第六条 需要向海洋倾倒废弃物的单位，应事先向主管部门提出申请，按规定的格式填报倾倒废弃物申请书，并附报废弃物特性和成分检验单。

主管部门在接到申请书之日起两个月内予以审批。对同意倾倒者应发给废弃物倾倒许可证。

任何单位和船舶、航空器、平台及其他载运工具，未依法经主管部门批准，不得向海洋倾倒废弃物。

第七条 外国的废弃物不得运至中华人民共和国管辖海域进行倾倒，包括弃置船舶、航空器、平台和其他海上人工构造物。违者，主管部门可责令其限期治理，支付清除污染费，赔偿损失，并处以罚款。

在中华人民共和国管辖海域以外倾倒废弃物，造成中华人民共和国管辖海域污染损害的，按本条例第十七条规定处理。

第八条 为倾倒的目的，经过中华人民共和国管辖海域运送废弃物的任何船舶及其他载运工具，应当在进入中华人民共和国管辖海域15天之前，通报主管部门，同时报告进入中华人民共和国管辖海域的时间、航线、以及废弃物的名称、数量及成分。

第九条 外国籍船舶、平台在中华人民共和国管辖海域，由于海底矿物资源的勘探开发及与勘探开发相关的海上加工所产生的废弃物和其他物质需要向海洋倾倒的，应按规定程序报经主管部门批准。

第十条 倾倒许可证应注明倾倒单位、有效期限和废弃物的数量、种类、倾倒方法等事项。

签发许可证应根据本条例的有关规定严格控制。主管部门根据海洋生态环境的变化和科学技术的发展，可以更换或撤销许可证。

第十一条　废弃物根据其毒性、有害物质含量和对海洋环境的影响等因素，分为三类。其分类标准，由主管部门制定。主管部门可根据海洋生态环境的变化，科学技术的发展，以及海洋环境保护的需要，对附件进行修订。

一、禁止倾倒附件一所列的废弃物及其他物质（见附件一）。当出现紧急情况，在陆地上处置会严重危及人民健康时，经国家海洋局批准，获得紧急许可证，可到指定的区域按规定的方法倾倒。

二、倾倒附件二所列的废弃物（见附件二），应当事先获得特别许可证。

三、倾倒未列入附件一和附件二的低毒或无毒的废弃物，应当事先获得普通许可证。

第十二条　获准向海洋倾倒废弃物的单位在废弃物装载时，应通知主管部门予以核实。

核实工作按许可证所载的事项进行。主管部门如发现实际装载与许可证所注明内容不符，应责令停止装运；情节严重的，应中止或吊销许可证。

第十三条　主管部门应对海洋倾倒活动进行监视和监督，必要时可派员随航。倾倒单位应为随航公务人员提供方便。

第十四条　获准向海洋倾倒废弃物的单位，应当按许可证注明的期限和条件，到指定的区域进行倾倒，如实地详细填写倾倒情况记录表，并按许可证注明的要求，将记录表报送主管部门。倾倒废弃物的船舶、航空器、平台和其他载运工具应有明显标志和信号，并在航行日志上详细记录倾倒情况。

第十五条　倾倒废弃物的船舶、航空器、平台和其他载运工具，凡属《中华人民共和国海洋环境保护法》第八十九条、第九十一条规定的情形，可免于承担赔偿责任。

为紧急避险或救助人命，未按许可证规定的条件和区域进行倾倒时，应尽力避免或减轻因倾倒而造成的污染损害，并在事后尽快向主管部门报告。倾倒单位和紧急避险或救助人命的受益者，应对由此所造成的污染损害进行补偿。

由于第三者的过失造成污染损害的,倾倒单位应向主管部门提出确凿证据,经主管部门确认后责令第三者承担赔偿责任。

在海上航行和作业的船舶、航空器、平台和其他载运工具,因不可抗拒的原因而弃置时,其所有人应向主管部门和就近的港务监督报告,并尽快打捞清理。

第十六条 主管部门对海洋倾倒区应定期进行监测,加强管理,避免对渔业资源和其他海上活动造成有害影响。当发现倾倒区不宜继续倾倒时,主管部门可决定予以封闭。

第十七条 对违反本条例,造成海洋环境污染损害的,主管部门可责令其限期治理,支付清除污染费,向受害方赔偿由此所造成的损失,并视情节轻重和污染损害的程度,处以警告或人民币 10 万元以下的罚款。

第十八条 要求赔偿损失的单位和个人,应尽快向主管部门提出污染损害索赔报告书。报告书应包括:受污染损害的时间、地点、范围、对象、损失清单,技术鉴定和公证证明,并尽可能提供有关原始单据和照片等。

第十九条 受托清除污染的单位在作业结束后,应尽快向主管部门提交索取清除污染费用报告书。报告书应包括:清除污染的时间、地点,投入的人力、机具、船只,清除材料的数量、单价、计算方法,组织清除的管理费、交通费及其他有关费用,清除效果及其情况,其他有关证据和证明材料。

第二十条 对违法行为的处罚标准如下:

一、凡有下列行为之一者,处以警告或人民币 2000 元以下的罚款:

(一)伪造废弃物检验单的;

(二)不按本条例第十四条规定填报倾倒情况记录表的;

(三)在本条例第十五条规定的情况下,未及时向主管部门和港务监督报告的。

二、凡实际装载与许可证所注明内容不符，情节严重的，除中止或吊销许可证外，还可处以人民币 2000 元以上 5000 元以下的罚款。

三、凡未按本条例第十二条规定通知主管部门核实而擅自进行倾倒的，可处以人民币 5000 元以上 2 万元以下的罚款。

四、凡有下列行为之一者，可处以人民币 2 万元以上 10 万元以下的罚款：

（一）未经批准向海洋倾倒废弃物的；

（二）不按批准的条件和区域进行倾倒的，但本条例第十五条规定的情况不在此限。

第二十一条　对违反本条例，造成或可能造成海洋环境污染损害的直接责任人，主管部门可处以警告或者罚款，也可以并处。

对于违反本条例，污染损害海洋环境造成重大财产损失或致人伤亡的直接责任人，由司法机关依法追究刑事责任。

第二十二条　当事人对主管部门的处罚决定不服的，可以在收到处罚通知书之日起 15 日内，向人民法院起诉；期满不起诉又不履行处罚决定的，由主管部门申请人民法院强制执行。

第二十三条　对违反本条例，造成海洋环境污染损害的行为，主动检举、揭发，积极提供证据，或采取有效措施减少污染损害有成绩的个人，应给予表扬或奖励。

第二十四条　本条例自 1985 年 4 月 1 日起施行。

附件 1

禁止倾倒的物质

一、含有机卤素化合物、汞及汞化合物、镉及镉化合物的废弃物，但微含量的或能在海水中迅速转化为无害物质的除外。

二、强放射性废弃物及其他强放射性物质。

三、原油及其废弃物、石油炼制品、残油，以及含这类物质的混合物。

四、渔网、绳索、塑料制品及其他能在海面漂浮或在水中悬浮，严重妨碍航行、捕鱼及其他活动或危害海洋生物的人工合成物质。

五、含有本附件第一、二项所列物质的阴沟污泥和疏浚物。

附件2

需要获得特别许可证才能倾倒的物质

一、含有下列大量物质的废弃物：
（一）砷及其化合物；
（二）铅及其化合物；
（三）铜及其化合物；
（四）锌及其化合物；
（五）有机硅化合物；
（六）氰化物；
（七）氟化物；
（八）铍、铬、镍、钒及其化合物；
（九）未列入附件一的杀虫剂及其副产品。
但无害的或能在海水中迅速转化为无害物质的除外。

二、含弱放射性物质的废弃物。

三、容易沉入海底，可能严重障碍捕鱼和航行的容器、废金属及其他笨重的废弃物。

四、含有本附件第一、二项所列物质的阴沟污泥和疏浚物。

防止拆船污染环境管理条例

(1988年5月18日国务院发布　根据2016年2月6日《国务院关于修改部分行政法规的决定》第一次修订　根据2017年3月1日《国务院关于修改和废止部分行政法规的决定》第二次修订)

第一条　为防止拆船污染环境，保护生态平衡，保障人体健康，促进拆船事业的发展，制定本条例。

第二条　本条例适用于在中华人民共和国管辖水域从事岸边和水上拆船活动的单位和个人。

第三条　本条例所称岸边拆船，指废船停靠拆船码头拆解；废船在船坞拆解；废船冲滩（不包括海难事故中的船舶冲滩）拆解。

本条例所称水上拆船，指对完全处于水上的废船进行拆解。

第四条　县级以上人民政府环境保护部门负责组织协调、监督检查拆船业的环境保护工作，并主管港区水域外的岸边拆船环境保护工作。

中华人民共和国港务监督（含港航监督，下同）主管水上拆船和综合港港区水域拆船的环境保护工作，并协助环境保护部门监督港区水域外的岸边拆船防止污染工作。

国家渔政渔港监督管理部门主管渔港水域拆船的环境保护工作，负责监督拆船活动对沿岸渔业水域的影响，发现污染损害事故后，会同环境保护部门调查处理。

军队环境保护部门主管军港水域拆船的环境保护工作。

国家海洋管理部门和重要江河的水资源保护机构，依据《中华人民共和国海洋环境保护法》和《中华人民共和国水污染防治法》确定的职责，协助以上各款所指主管部门监督拆船的防止污染工作。

县级以上人民政府的环境保护部门、中华人民共和国港务监督、国家渔政渔港监督管理部门和军队环境保护部门，在主管本条第一、第二、第三、第四款所确定水域的拆船环境保护工作时，简称"监督拆船污染的主管部门"。

第五条 地方人民政府应当根据需要和可能，结合本地区的特点、环境状况和技术条件，统筹规划、合理设置拆船厂。

在饮用水源地、海水淡化取水点、盐场、重要的渔业水域、海水浴场、风景名胜区以及其他需要特殊保护的区域，不得设置拆船厂。

第六条 设置拆船厂，必须编制环境影响报告书（表）。其内容包括：拆船厂的地理位置、周围环境状况、拆船规模和条件、拆船工艺、防污措施、预期防治效果等。未依法进行环境影响评价的拆船厂，不得开工建设。

环境保护部门在批准环境影响报告书（表）前，应当征求各有关部门的意见。

第七条 监督拆船污染的主管部门有权对拆船单位的拆船活动进行检查，被检查单位必须如实反映情况，提供必要的资料。

监督拆船污染的主管部门有义务为被检查单位保守技术和业务秘密。

第八条 对严重污染环境的拆船单位，限期治理。

对拆船单位的限期治理，由监督拆船污染的主管部门提出意见，通过批准环境影响报告书（表）的环境保护部门，报同级人民政府决定。

第九条 拆船单位应当健全环境保护规章制度，认真组织实施。

第十条 拆船单位必须配备或者设置防止拆船污染必需的拦油装置、废油接收设备、含油污水接收处理设施或者设备、废弃物回收处置场等，并经批准环境影响报告书（表）的环境保护部门验收合格，发给验收合格证后，方可进船拆解。

第十一条 拆船单位在废船拆解前，必须清除易燃、易爆和有毒物质；关闭海底阀和封闭可能引起油污水外溢的管道。垃圾、残油、废油、油泥、含油污水和易燃易爆物品等废弃物必须送到岸上集中处理，并不得采用渗坑、渗井的处理方式。

废油船在拆解前，必须进行洗舱、排污、清舱、测爆等工作。

第十二条　在水上进行拆船作业的拆船单位和个人，必须事先采取有效措施，严格防止溢出、散落水中的油类和其他漂浮物扩散。

在水上进行拆船作业，一旦出现溢出、散落水中的油类和其他漂浮物，必须及时收集处理。

第十三条　排放洗舱水、压舱水和舱底水，必须符合国家和地方规定的排放标准；排放未经处理的洗舱水、压舱水和舱底水，还必须经过监督拆船污染的主管部门批准。

监督拆船污染的主管部门接到拆船单位申请排放未经处理的洗舱水、压舱水和舱底水的报告后，应当抓紧办理，及时审批。

第十四条　拆下的船舶部件或者废弃物，不得投弃或者存放水中；带有污染物的船舶部件或者废弃物，严禁进入水体。未清洗干净的船底和油柜必须拖到岸上拆解。

拆船作业产生的电石渣及其废水，必须收集处理，不得流入水中。

船舶拆解完毕，拆船单位和个人应当及时清理拆船现场。

第十五条　发生拆船污染损害事故时，拆船单位或者个人必须立即采取消除或者控制污染的措施，并迅速报告监督拆船污染的主管部门。

污染损害事故发生后，拆船单位必须向监督拆船污染的主管部门提交《污染事故报告书》，报告污染发生的原因、经过、排污数量、采取的抢救措施、已造成和可能造成的污染损害后果等，并接受调查处理。

第十六条　拆船单位关闭或者搬迁后，必须及时清理原厂址遗留的污染物，并由监督拆船污染的主管部门检查验收。

第十七条　违反本条例规定，有下列情形之一的，监督拆船污染的主管部门除责令其限期纠正外，还可以根据不同情节，处以1

万元以上 10 万元以下的罚款：

（一）发生污染损害事故，不向监督拆船污染的主管部门报告也不采取消除或者控制污染措施的；

（二）废油船未经洗舱、排污、清舱和测爆即行拆解的；

（三）任意排放或者丢弃污染物造成严重污染的。

违反本条例规定，擅自在第五条第二款所指的区域设置拆船厂并进行拆船的，按照分级管理的原则，由县级以上人民政府责令限期关闭或者搬迁。

拆船厂未依法进行环境影响评价擅自开工建设的，依照《中华人民共和国环境保护法》的规定处罚。

第十八条 违反本条例规定，有下列情形之一的，监督拆船污染的主管部门除责令其限期纠正外，还可以根据不同情节，给予警告或者处以 1 万元以下的罚款：

（一）拒绝或者阻挠监督拆船污染的主管部门进行现场检查或者在被检查时弄虚作假的；

（二）未按规定要求配备和使用防污设施、设备和器材，造成环境污染的；

（三）发生污染损害事故，虽采取消除或者控制污染措施，但不向监督拆船污染的主管部门报告的；

（四）拆船单位关闭、搬迁后，原厂址的现场清理不合格的。

第十九条 罚款全部上缴国库。

拆船单位和个人在受到罚款后，并不免除其对本条例规定义务的履行，已造成污染危害的，必须及时排除危害。

第二十条 对经限期治理逾期未完成治理任务的拆船单位，可以根据其造成的危害后果，责令停业整顿或者关闭。

前款所指拆船单位的停业整顿或者关闭，由作出限期治理决定的人民政府决定。责令国务院有关部门直属的拆船单位停业整顿或者关闭，由国务院环境保护部门会同有关部门批准。

第二十一条 对造成污染损害后果负有责任的或者有第十八条

第（一）项所指行为的拆船单位负责人和直接责任者，可以根据不同情节，由其所在单位或者上级主管机关给予行政处分。

第二十二条 当事人对行政处罚决定不服的，可以在收到处罚决定通知之日起 15 日内，向人民法院起诉；期满不起诉又不履行的，由作出处罚决定的主管部门申请人民法院强制执行。

第二十三条 因拆船污染直接遭受损害的单位或者个人，有权要求造成污染损害方赔偿损失。造成污染损害方有责任对直接遭受危害的单位或者个人赔偿损失。

赔偿责任和赔偿金额的纠纷，可以根据当事人的请求，由监督拆船污染的主管部门处理；当事人对处理决定不服的，可以向人民法院起诉。

当事人也可以直接向人民法院起诉。

第二十四条 凡直接遭受拆船污染损害，要求赔偿损失的单位和个人，应当提交《污染索赔报告书》。报告书应当包括以下内容：

（一）受拆船污染损害的时间、地点、范围、对象，以及当时的气象、水文条件；

（二）受拆船污染损害的损失清单，包括品名、数量、单价、计算方法等；

（三）有关监测部门的鉴定。

第二十五条 因不可抗拒的自然灾害，并经及时采取防范和抢救措施，仍然不能避免造成污染损害的，免予承担赔偿责任。

第二十六条 对检举、揭发拆船单位隐瞒不报或者谎报污染损害事故，以及积极采取措施制止或者减轻污染损害的单位和个人，给予表扬和奖励。

第二十七条 监督拆船污染的主管部门的工作人员玩忽职守、滥用职权、徇私舞弊的，由其所在单位或者上级主管机关给予行政处分；对国家和人民利益造成重大损失、构成犯罪的，依法追究刑事责任。

第二十八条 本条例自 1988 年 6 月 1 日起施行。

中华人民共和国防治陆源污染物污染损害海洋环境管理条例

(1990年5月25日国务院第61次常务会议通过 1990年6月22日中华人民共和国国务院令第61号发布 自1990年8月1日起施行)

第一条 为加强对陆地污染源的监督管理，防治陆源污染物污染损害海洋环境，根据《中华人民共和国海洋环境保护法》，制定本条例。

第二条 本条例所称陆地污染源（简称陆源），是指从陆地向海域排放污染物，造成或者可能造成海洋环境污染损害的场所、设施等。

本条例所称陆源污染物是指由前款陆源排放的污染物。

第三条 本条例适用于在中华人民共和国境内向海域排放陆源污染物的一切单位和个人。

防止拆船污染损害海洋环境，依照《防止拆船污染环境管理条例》执行。

第四条 国务院环境保护行政主管部门，主管全国防治陆源污染物污染损害海洋环境工作。

沿海县级以上地方人民政府环境保护行政主管部门，主管本行政区域内防治陆源污染物污染损害海洋环境工作。

第五条 任何单位和个人向海域排放陆源污染物，必须执行国家和地方发布的污染物排放标准和有关规定。

第六条 任何单位和个人向海域排放陆源污染物，必须向其所在地环境保护行政主管部门申报登记拥有的污染物排放设施、处理设施和在正常作业条件下排放污染物的种类、数量和浓度，提供防治陆源污染物污染损害海洋环境的资料,并将上述事项和资料抄送海洋行政主管部门。

排放污染物的种类、数量和浓度有重大改变或者拆除、闲置污染物处理设施的,应当征得所在地环境保护行政主管部门同意并经原审批部门批准。

第七条 任何单位和个人向海域排放陆源污染物,超过国家和地方污染物排放标准的,必须缴纳超标准排污费,并负责治理。

第八条 任何单位和个人,不得在海洋特别保护区、海上自然保护区、海滨风景游览区、盐场保护区、海水浴场、重要渔业水域和其他需要特殊保护的区域内兴建排污口。

对在前款区域内已建的排污口,排放污染物超过国家和地方排放标准的,限期治理。

第九条 对向海域排放陆源污染物造成海洋环境严重污染损害的企业事业单位,限期治理。

第十条 国务院各部门或者省、自治区、直辖市人民政府直接管辖的企业事业单位的限期治理,由省、自治区、直辖市人民政府的环境保护行政主管部门提出意见,报同级人民政府决定。市、县或者市、县以下人民政府管辖的企业事业单位的限期治理,由市、县人民政府环境保护行政主管部门提出意见,报同级人民政府决定。被限期治理的企业事业单位必须如期完成治理任务。

第十一条 禁止在岸滩擅自堆放、弃置和处理固体废弃物。确需临时堆放、处理固体废弃物的,必须按照沿海省、自治区、直辖市人民政府环境保护行政主管部门规定的审批程序,提出书面申请。其主要内容包括:

(一) 申请单位的名称、地址;

(二) 堆放、处理的地点和占地面积;

(三) 固体废弃物的种类、成分,年堆放量、处理量,积存堆放、处理的总量和堆放高度;

(四) 固体废弃物堆放、处理的期限,最终处置方式;

（五）堆放、处理固体废弃物可能对海洋环境造成的污染损害；

（六）防止堆放、处理固体废弃物污染损害海洋环境的技术和措施；

（七）审批机关认为需要说明的其他事项。

现有的固体废弃物临时堆放、处理场地，未经县级以上地方人民政府环境保护行政主管部门批准的，由县级以上地方人民政府环境保护行政主管部门责令限期补办审批手续。

第十二条 被批准设置废弃物堆放场、处理场的单位和个人，必须建造防护堤和防渗漏、防扬尘等设施，经批准设置废弃物堆放场、处理场的环境保护行政主管部门验收合格后方可使用。

在批准使用的废弃物堆放场、处理场内，不得擅自堆放、弃置未经批准的其他种类的废弃物。不得露天堆放含剧毒、放射性、易溶解和易挥发性物质的废弃物；非露天堆放上述废弃物，不得作为最终处置方式。

第十三条 禁止在岸滩采用不正当的稀释、渗透方式排放有毒、有害废水。

第十四条 禁止向海域排放含高、中放射性物质的废水。

向海域排放含低放射性物质的废水，必须执行国家有关放射防护的规定和标准。

第十五条 禁止向海域排放油类、酸液、碱液和毒液。

向海域排放含油废水、含有害重金属废水和其他工业废水，必须经过处理，符合国家和地方规定的排放标准和有关规定。处理后的残渣不得弃置入海。

第十六条 向海域排放含病原体的废水，必须经过处理，符合国家和地方规定的排放标准和有关规定。

第十七条 向海域排放含热废水的水温应当符合国家有关规定。

第十八条 向自净能力较差的海域排放含有机物和营养物质的工业废水和生活废水，应当控制排放量；排污口应当设置在海水交换良好处，并采用合理的排放方式，防止海水富营养化。

第十九条　禁止将失效或者禁用的药物及药具弃置岸滩。

第二十条　入海河口处发生陆源污染物污染损害海洋环境事故，确有证据证明是由河流携带污染物造成的，由入海河口处所在地的省、自治区、直辖市人民政府环境保护行政主管部门调查处理；河流跨越省、自治区、直辖市的，由入海河口处所在省、自治区、直辖市人民政府环境保护行政主管部门和水利部门会同有关省、自治区、直辖市人民政府环境保护行政主管部门、水利部门和流域管理机构调查处理。

第二十一条　沿海相邻或者相向地区向同一海域排放陆源污染物的，由有关地方人民政府协商制定共同防治陆源污染物污染损害海洋环境的措施。

第二十二条　一切单位和个人造成陆源污染物污染损害海洋环境事故时，必须立即采取措施处理，并在事故发生后四十八小时内，向当地人民政府环境保护行政主管部门作出事故发生的时间、地点、类型和排放污染物的数量、经济损失、人员受害等情况的初步报告，并抄送有关部门。事故查清后，应当向当地人民政府环境保护行政主管部门作出书面报告，并附有关证明文件。

各级人民政府环境保护行政主管部门接到陆源污染物污染损害海洋环境事故的初步报告后，应当立即会同有关部门采取措施，消除或者减轻污染，并由县级以上人民政府环境保护行政主管部门会同有关部门或者由县级以上人民政府环境保护行政主管部门授权的部门对事故进行调查处理。

第二十三条　县级以上人民政府环境保护行政主管部门，按照项目管理权限，可以会同项目主管部门对排放陆源污染物的单位和个人进行现场检查，被检查者必须如实反映情况、提供资料。检查者有责任为被检查者保守技术秘密和业务秘密。法律法规另有规定的除外。

第二十四条　违反本条例规定，具有下列情形之一的，由县级以上人民政府环境保护行政主管部门责令改正，并可处以三百元以上三千元以下的罚款：

（一）拒报或者谎报排污申报登记事项的；

（二）拒绝、阻挠环境保护行政主管部门现场检查，或者在被检查中弄虚作假的。

第二十五条　废弃物堆放场、处理场的防污染设施未经环境保护行政主管部门验收或者验收不合格而强行使用的，由环境保护行政主管部门责令改正，并可处以五千元以上二万元以下的罚款。

第二十六条　违反本条例规定，具有下列情形之一的，由县级以上人民政府环境保护行政主管部门责令改正，并可处以五千元以上十万元以下的罚款：

（一）未经所在地环境保护行政主管部门同意和原批准部门批准，擅自改变污染物排放的种类、增加污染物排放的数量、浓度或者拆除、闲置污染物处理设施的；

（二）在本条例第八条第一款规定的区域内兴建排污口的。

第二十七条　违反本条例规定，具有下列情形之一的，由县级以上人民政府环境保护行政主管部门责令改正，并可处以一千元以上二万元以下的罚款；情节严重的，可处以二万元以上十万元以下的罚款：

（一）在岸滩采用不正当的稀释、渗透方式排放有毒、有害废水的；

（二）向海域排放含高、中放射性物质的废水的；

（三）向海域排放油类、酸液、碱液和毒液的；

（四）向岸滩弃置失效或者禁用的药物和药具的；

（五）向海域排放含油废水、含病原体废水、含热废水、含低放射性物质废水、含有害重金属废水和其他工业废水超过国家和地方规定的排放标准和有关规定或者将处理后的残渣弃置入海的；

（六）未经县级以上地方人民政府环境保护行政主管部门批准，擅自在岸滩堆放、弃置和处理废弃物或者在废弃物堆放场、处理场内，擅自堆放、处理未经批准的其他种类的废弃物或者露天堆放含剧毒、放射性、易溶解和易挥发性物质的废弃物的。

第二十八条　对逾期未完成限期治理任务的企业事业单位，征收两倍的超标准排污费，并可根据危害和损失后果，处以一万元以上十万元以下的罚款，或者责令停业、关闭。

罚款由环境保护行政主管部门决定。责令停业、关闭，由作出限期治理决定的人民政府决定；责令国务院各部门直接管辖的企业事业单位停业、关闭，须报国务院批准。

第二十九条　不按规定缴纳超标准排污费的，除追缴超标准排污费及滞纳金外，并可由县级以上人民政府环境保护行政主管部门处以一千元以上一万元以下的罚款。

第三十条　对造成陆源污染物污染损害海洋环境事故，导致重大经济损失的，由县级以上人民政府环境保护行政主管部门按照直接损失百分之三十计算罚款，但最高不得超过二十万元。

第三十一条　县级人民政府环境保护行政主管部门可处以一万元以下的罚款，超过一万元的罚款，报上级环境保护行政主管部门批准。

省辖市级人民政府环境保护行政主管部门可处以五万元以下的罚款，超过五万元的罚款，报上级环境保护行政主管部门批准。

省、自治区、直辖市人民政府环境保护行政主管部门可处以二十万元以下的罚款。

罚款全部上交国库，任何单位和个人不得截留、分成。

第三十二条　缴纳超标准排污费或者被处以罚款的单位、个人，并不免除消除污染、排除危害和赔偿损失的责任。

第三十三条　当事人对行政处罚决定不服的，可以在接到处罚通知之日起十五日内，依法申请复议；对复议决定不服的，可以在接到复议决定之日起十五日内，向人民法院起诉。当事人也可以在接到处罚通知之日起十五日内，直接向人民法院起诉。当事人逾期不申请复议、也不向人民法院起诉、又不履行处罚决定的，由作出处罚决定的机关申请人民法院强制执行。

第三十四条 环境保护行政主管部门工作人员滥用职权、玩忽职守、徇私舞弊的,由其所在单位或者上级主管机关给予行政处分;构成犯罪的,依法追究刑事责任。

第三十五条 沿海省、自治区、直辖市人民政府,可以根据本条例制定实施办法。

第三十六条 本条例由国务院环境保护行政主管部门负责解释。

第三十七条 本条例自一九九〇年八月一日起施行。